Julius Evola & René Guénon

POLÉMICA SOBRE LA METAFÍSICA HINDÚ

Julius Evola & René Guénon
(1898-1974)   (1886-1951)

POLÉMICA SOBRE LA METAFÍSICA HINDÚ

Polemica sulla metafisica indiana, Genova, Il Basilisco, 1987.

© Omnia Veritas Ltd - 2019

Publicado por
Omnia Veritas Limited

www.omnia-veritas.com

Reservados todos los derechos. No se permite la reproducción total o parcial de esta obra, sin autorización previa y por escrito de los titulares del *copyright*. La infracción de dichos derechos puede constituir un delito contra la propiedad intelectual.

- JULIUS EVOLA 13
  - EL HOMBRE Y SU DEVENIR SEGÚN EL VEDÂNTA 13
- RENÉ GUÉNON 32
  - A PROPÓSITO DE LA METAFÍSICA HINDÚ. UNA RECTIFICACIÓN NECESARIA 32
- JULIUS EVOLA 39
  - NOTA CONCLUSIVA 39
- JULIUS EVOLA 44
  - LIMITES DE LA REGULARIDAD INICIATICA. 44
    - Los límites de la regularidad iniciática 44
    - Esquema guenoniano de la regularidad iniciativa 45
    - Critica del esquema guenoniano 47
    - Iniciación y vías de excepción 51
    - Condiciones actuales para la iniciación 58
- JULIUS EVOLA 61
  - "DOCTRINA ARIA DE LUCHA Y VICTORIA" 61
- JULIUS EVOLA 78
  - ORIENTACIONES 78
    1. LA ILUSION DEL PROGRESO 78
    2.- POLITICA Y METAPOLITICA 80
    3. EL "ESPÍRITU LEGIONARIO" 81
    4.- POR UNA NUEVA ARISTOCRACIA 83
    5.- LOS ESLABONES DE LA DECADENCIA 84
    6.- CONTRA LA PRIMACÍA DE LO ECONÓMICO 88
    7.- LA IDEA ORGÁNICA 91
    8.- LA PATRIA DE LA IDEA 94
    9.- CONCEPCIÓN DEL MUNDO Y MITOS MODERNOS 96
    10.- REALISMO Y ANTIBURGUESISMO 98
    11.- SUPERACIÓN DEL ESTADO LAICO 100
- JULIUS EVOLA 103
  - NOTAS SOBRE LA "DIVINIDAD" DE LA MONTAÑA 103
  - POR UNA ONTOLOGÍA DE LA TÉCNICA 113
  - DOMINIO DE LA NATURALEZA Y NATURALEZA DEL DOMINIO EN EL PENSAMIENTO DE JULIUS EVOLA 113

OTROS LIBROS **129**

Sin duda nuestro contradictor continuará diciendo que "nuestros escritos no salen del mundo de las palabras"; ésto es más que evidente, por la fuerza de las cosas, y otro tanto puede decirse de aquéllos que escribe él mismo, pero por lo menos hay una diferencia esencial: aunque pueda estar persuadido de lo contrario, sus palabras, para quien no comprende el sentido último, traducen únicamente la actitud mental de un profano; y le rogamos creer que por nuestra parte ésta no es de hecho una injuria, sino sólo la expresión técnica de un puro y simple estado de hecho"[1].

Con estas palabras, firmes pero medidas, René Guénon replicaba a quien, con una buena dosis de presunción y una incomprensión bastante profunda, avanzaba tesis "dialécticas" en último análisis similares a aquellas que Julius Evola, autor del ensayo que sigue, ha sostenido siempre tercamente, aunque sea con argumentos diferentes.

La curiosa óptica asumida por Evola en relación a las doctrinas tradicionales expuestas magistral (y providencialmente) en las obras de Guénon requeriría sin duda, dada la particular difusión de los textos evolianos en nuestro país, un cuidadoso y profundo análisis crítico para alcanzar la necesaria discriminación entre las visiones fuertemente individuales del autor y el pensamiento tradicional en sus varias expresiones y formas. Sin poder aquí afrontar decididamente tal asunto, nos parece no obstante oportuno poner en evidencia la clave de bóveda, en negativo, del sistema evoliano al completo:

---

[1] "*Iniciación y realización espiritual*", Turín, Rivista di Studi Tradizionali, 1967.

la cuestión es que Evola nunca ha llegado a un punto de vista realmente metafísico y, por ello, exclusivamente intelectual.[2]

A pesar de que en la fraseología evoliana aparecen términos como Principio, Metafísica, Contemplación, etc., es clara la impresión de un uso inapropiado y artificioso que revela que no se atribuye a dichos términos su verdadero significado[3], mientras que es constante, en las obras de Evola, la referencia, esta vez clara y precisa, a un dualismo claro y de fondo, sintomático de una visión mutilada y peligrosamente adecuada para conclusiones desviantes y desviadas típicas de concepciones heterodoxas. No habiendo superado las oposiciones en una síntesis principal, Evola evidencia así una ausencia de discernimiento y una carencia intelectual que lo induce a detenerse en visiones parciales sobre la base de un procedimiento lógico que da lugar a una sucesiva subdivisión en argumentos antinómicos opuestos.

De ahí emerge, como es obvio, una serie de dicotomías y de oposiciones racionalmente irresolubles que, en opinión de Evola, demostrarían irrefutablemente la inconsistencia gnoseológica de las doctrinas mas puramente intelectuales, por ejemplo el Vedânta, ancladas axiomáticamente en nociones nebulosas y

---

[2] Es obvio que tal punto de vista, si podemos expresarnos así, no se funda, como ocurre sin embargo con los sistemas de pensamiento y con la filosofía, sobre una facultad cualquiera de orden formal, sino sobre la evidencia intuitiva de la Realidad absoluta a la cual Guénon ha denominado la "sensación de eternidad" aunque, si queremos ser rigurosos, esta última no corresponde exactamente a la intuición del Principio Absoluto, privado de "aspectos" y transcendente a cualquier determinación.

[3] Aún reconociendo a Evola cierta purificación doctrinal y terminológica con respecto a sus posiciones juveniles, cierta alergia congénita y latente hacia la Metafísica pura no ha cesado nunca de ejercer una acción sombría que podría decirse como de clausura hacia ciertas luces espirituales.

destinadas irremediablemente a desembocar en círculos viciosos y en pseudo-soluciones.

Se puede rápidamente advertir en estas cerradas críticas un uso muy impropio de la lógica por parte de Evola; existen de hecho dos maneras muy distintas de considerarla: la primera, absolutamente tradicional, hace de ella una verdadera ciencia ligada directamente a los principios metafísicos y expresando, a su modo particular, un reflejo de la Verdad Superior e Inmutable; la segunda, sustancialmente moderna, la trata en modo filosófico, esforzándose por reunirla o por conectarla con alguna concepción sistemática. Y es propiamente este segundo modo de considerar la lógica el que de hecho utiliza Evola, que no tiene inconveniente, en sus especiales deducciones, en apoyarse además en elementos desviados de doctrinas perfectamente válidas en el ámbito de una particular forma tradicional como la hindú. Queremos aquí referirnos al Tantrismo, presentado por Evola en una forma más bien excéntrica y ambigua, capaz de generar equívocos de amplio alcance, alimentados sobre todo por ficticias e inconciliables oposiciones como la presumiblemente existente entre dos de los ángulos visuales de la Tradición Hindú: el tántrico ya apuntado y el vedantino, los cuales, muy lejos de ser incompatibles, surgen de la misma fuente y revelan la misma Realidad. No es así según Evola, que considera unilateralmente como exenta de defectos solamente la visión tántrica, no dándose cuenta de cómo esta última no hace sino afrontar y resolver los problemas en términos diferentes, aunque, en todo caso, creando otros igualmente espinosos, cosa de la cual, como decíamos, desgraciadamente no se percata Evola, a pesar de su forma lógica, debido a su aproximación (pseudo) congnoscitiva sistemática y casi obsesivamente condicionada por la idea de potencia; y que, desgraciadamente, esta actitud deletérea no haya cesado de hacer sentir sus efectos en la entera producción evoliana se puede fácilmente deducir de la atención prometeica que aflora inconsistentemente en su involución lingüística con acento heroico, casi como si el verdadero egoísmo se explicase en las actuaciones "diferenciadas" de un cuando menos improbable "individuo absoluto".

Sobre la base de tales incomprensiones no es por tanto difícil convencerse de que las aserciones evolianas son tan claras y radicales como insuficientes e inadecuadas para el asunto tratado, teniendo en cuenta además, en las cuestiones de detalle, ciertas inexactitudes que, junto a un tono mas bien exaltado, contribuyen a aumentar el desconcierto de quien las lee, y admitir la tesis de que Evola no se atenga tanto a la Verdad como a "su" Verdad, sobre todo por el hecho de que es "suya" mas que por la intrínseca validez de las tesis sostenidas.

Por ello cuando Evola se refiere a la "gran tradición de las ciencias mágicas y herméticas, que tratan sin embargo de potencia, de individuación y de dominación", surge legítimamente la duda de encontrarse no frente al "recto sendero" sino, por el contrario, con una vía que procede en dirección diametralmente opuesta inflando el Yo hasta la desmesura y provocando aquella ebriedad mágica que tanto discurre por la prosa evoliana. Estamos muy distantes de aquella pobreza espiritual que conduce a la extinción del Yo y a la realización del Si Mismo, en la perspectiva justa de que cada ser, no teniendo en sí mismo su propia razón suficiente, como es el caso del ser humano, no puede más que encontrarse en una relación de total subordinación y dependencia con relación al Principio: ¿Y qué es por consiguiente el potenciamiento del Yo sino el potenciamiento de una ilusión y un espesamiento del velo que lo oscurece?

No hay peor "pecado" en nuestra existencia, pero ésto Evola parece no haberlo advertido.

A. Z.

Julius Evola

EL HOMBRE Y SU DEVENIR SEGÚN EL VEDÂNTA

El interés creciente que muestra hoy nuestra cultura por todo aquello que es oriental es un hecho indudable y no puede ser explicado como una simple oleada de moda exótica, sino que debe ponerse en relación con algo bastante mas profundo. Sin embargo, acerca del significado de tal hecho, queda aún un problema que merecería ser estudiado bastante mas de lo que lo ha sido hasta ahora.

En un primer momento, la costumbre era despreciar a oriente con un simple encogerse de hombros desde las alturas de una suficiencia basada esencialmente en las conquistas de nuestra civilización en el campo de la materia y de la discursividad abstracta. Pero, alejado de esta frívola presunción, a alguien comenzó a ocurrírsele la sospecha de que tales dominios no fuesen quizá la última instancia después de todo, y considerando a oriente con una visión renovada, comenzó a comprender su realidad espiritual; y dándose cuenta al mismo tiempo hacia qué puntos críticos gravita en el fondo el conjunto de la jactanciosa civilización europea cuando se la lleva hasta sus últimas consecuencias, además de reconocer a oriente comenzó a preguntarse si, por ventura, podría éste ofrecer algo que integrara la civilización europea misma con el fin de dirigirla, más allá de la crisis, hacia una más alta positividad.

Hubo aún quien cayó en el exceso opuesto, esto es, en la idea de que oriente sea como el ancla de salvación o el maná del cielo, de que todo aquello hecho por nosotros, desde los griegos hasta hoy, sea un valor negativo, un descarrío, una degeneración de la cual importa sobre todo salvarse reconociéndola como tal y retornando a la concepción oriental y tradicional de la vida como hijos pródigos.

Es curioso advertir que gran parte de esta gente acompaña a tal incomprensión de occidente otra análoga respecto al propio oriente. Esto es: de oriente no ven más que el lado más externo y deteriorado, cuando no hasta falsificado; aquel lado que permite sobre todo empequeñecer todo aquello que es seriedad científica, disciplina, voluntad, conciencia, para caer en los brazos de un desenfrenado divagar y disolverse en sentimientos, sueños y palabras huecas. Ahora bien, así como hay que condenar la suficiencia materialista con respecto a oriente, creemos que otro tanto -si no más- debe hacerse con semejante actitud que, tan solo por ello, refleja la disgregación de algunos elementos de nuestra civilización.

Nosotros afirmamos que si oriente representa una realidad espiritual, del mismo modo lo representa occidente; que por lo tanto se trata de términos distintos y ambos positivos, susceptibles, si acaso, de síntesis, pero no de una plana reducción del uno al otro. Con esta síntesis no se quiere decir que sólo occidente, u oriente, tenga que vencer, ya que pensamos que tal síntesis, si debe ser fecunda, debe tomar su carácter precisamente del espíritu de la cultura occidental, que es potencia, impulso a celebrar y actuar con el espíritu sin negar al "mundo" -el sistema de las determinaciones y de las individuaciones- sino queriéndolo, afirmándolo y dominándolo y, de este modo, realizándolo. Esta es la simple declaración de una tesis; acerca de su demostración reenviamos al conjunto de nuestros escritos, que puede decirse que la tiene como su centro de gravedad, y específicamente al Ensayo sobre el idealismo mágico (Roma, 1925) y a la primera sección de El hombre como potencia, de inminente aparición, publicada ya en los números 2, 3 y 4 de la revista Ultra. Aquí solo deseamos tomar en consideración la obra de un autor francés, René Guénon, y ver, a través de un análisis crítico de sus tesis, qué puede representar para nosotros uno de los máximos sistemas indios: el *Vedânta*.

Guénon ha publicado una serie de libros a los que podemos dividir en dos grupos. Uno comprende Le Théosophisme, Introduction générale aux doctrines hindoues y Orient et Occident; el segundo, el estudio de recientísima aparición *L'homme et son devenir selon le Vedânta* (Ed. Bossard, París, 1925, 271 pp.)[4], el cual preludia algunos otros. El primer grupo puede denominarse negativo, el segundo positivo, en el sentido de que la finalidad de las primeras obras es: a) Despejar el campo de todas las deformaciones, incomprensiones y parodias a las cuales ha estado sujeta la sabiduría oriental por obra de ciertas corrientes occidentales; b) Criticar a fondo la civilización de occidente y mostrar la crisis y la ruina que la corroen en tanto no adopte un orden de valores totalmente distinto.

En la segunda serie, Guénon se aplica a exponer sistemáticamente la sabiduría tradicional oriental, por él identificada absoluta y precisamente a un tal orden de valores.

En referencia al primer punto, no podemos dejar de adherirnos a la obra purificadora y desenmascaradora de Guénon. Compromisos, incomprensiones y divagaciones como los de cierto "espiritualismo" inglés y los de la antroposofía steineriana, junto a todos los tonos menores neomísticos, al estilo de Rabindranath Tagore, Gandhi y similares, nunca pueden ser tratados con severidad suficiente, y son verdaderamente los peores obstáculos para un entendimiento y una integración real de oriente y occidente. Sin embargo, tenemos ciertas reservas

---

[4] *El hombre y su devenir según el Vêdânta*, Omnia Veritas, www.omnia-veritas.com

que hacer sobre los medios elegidos por Guénon para este fin, medios más ad hominem que demostrativos (nos estamos refiriendo al Théosophisme) ya que en lugar de asumir las doctrinas y hacer ver su absurdo intrínseco, se limita a desvelar las intrigas de las personas y de las asociaciones, cuya eventual escasa transparencia respecto a aquello que verdaderamente importa significa no obstante bastante poco. Más allá de esto, estamos de acuerdo con Guénon en orden a la exigencia de un conocimiento metafísico y, por lo tanto, hacia el nivel propio de las tradiciones iniciáticas. Este es un punto sobre el cual nunca se podrá insistir suficientemente. Entre los occidentales existe la costumbre de denominar "espiritual" a aquello que es un simple contorno, un accesorio de un estado físico de existencia. Lo que más importa, lamentablemente, es sólo la relación real, concreta, con las cosas y los seres, relación que para los hombres es algo extrínseco y contingente propio de la percepción física y de las categorías espacio-temporales que la rigen.

En cuanto a todo lo que es conocimiento discursivo, mundo cardíaco, mental, moral, devocional, etc., -todo esto es algo que hace referencia a ese mismo estado físico, y con todos sus "superiores" e "inferiores", "altos" y "bajos", "divinos" y "humanos", "bien" y "mal", etc., no lleva ni un paso más allá de ello, no transforma en nada aquéllo que metafísicamente, en el orden de una absoluta concreción, el hombre es (mejor: el Yo es, como hombre). Lo espiritual no debe ser una palabra hueca; se precisa pues que el hombre tenga la fuerza de comprenderlo, de afrontar globalmente todo aquello que él es, siente y piensa, ponerlo aparte y caminar hacia adelante en una transformación radical de la relación según la cual o se está con las cosas o con sí mismo. Tal es la realización metafísica, que ha sido el interés constante de toda tradición esotérica, cuyas raíces se confunden con las de la historia misma. Guénon reafirma tales exigencias, y ello es de agradecer. Sin embargo, se asienta ante todo en los aspectos negativos, es decir, más en orden a sus ideas sobre aquello que lo metafísico no es que en orden a sus ideas sobre aquéllo que lo metafísico es. Ciertamente, aquí nos encontramos en un terreno bastante inseguro, puesto que la lengua acuñada por la vida material y discursiva ofrece escasas posibilidades para expresar adecuadamente lo que es propio a tal metafísica. Creemos por consiguiente poder dar una indicación aproximada diciendo que la actitud de Guénon hacia lo metafísico se resiente de una mentalidad a la que podríamos denominar racionalista, y que explicamos así: el presupuesto del racionalismo (del racionalismo como sistema filosófico, se entiende, y no en su sentido vulgar, que de ningún modo se puede vincular a Guénon) es la "objetividad ideal", esto es, la creencia en leyes existentes en y por sí mismas, en principios que son lo que son, sin ninguna posibilidad de convertibilidad, fatal y universalmente, y en el mundo como algo en lo cual todo lo que es contingencia, tensión, oscuridad, arbitrio, indeterminabilidad, no tiene lugar alguno, pues ya está todo realizado y un orden superior aglutina a todos los elementos. En este cosmos, el principio no es la voluntad y la potencia, sino el conocimiento y la contemplación; no el dominio, sino la identidad. El individuo es como una sombra ilusoria y contradictoria si desaparece en el todo. En esta raíz profunda las cosas y las leyes -sean sensibles o no- son ellas y no otras; está hecha de pura contingencia que se hace abstracción o, mejor dicho, se extingue en algo puramente ideal: se realiza por tanto el interior según su modo "apolíneo" o intelectual, del cual el principio del Yo, antes que reafirmado en un "ente de potencia", queda abolido. Ciertamente, éstas son expresiones filosóficas que solamente deben valer como sugestiones; sugestiones de las cuales está impregnado un particular modo de ponerse en relación con las cosas, en un orden que está mas allá de todo lo que es filosófico y mental.

Dicho esto, el error de Guénon consiste en creer que tal actitud debe representar la última instancia, que "metafísico" e "intelectual" (este término es usado por Guénon no en su acepción moderna sino, en cierto modo, en la escolástica y neoplatónica) sean términos convertibles, lo cual es discutible. Guénon sabe -y nosotros con él- que su concepción se religa a toda una tradición de sabiduría iniciática; pero lo que demuestra desconocer o hacer como que desconoce es que una tradición tal no es la única, que igualmente mas allá de todo lo que es experiencia mundana y saber "profano"- contra la tradición del conocimiento, de la contemplación y de la unión está la gran tradición de las ciencias mágicas y herméticas, que es sin embargo de potencia, de individuación y de dominación. De donde, antes que atribuirse el monopolio de la sabiduría iniciática como parece haber hecho, habría sido conveniente que Guénon hubiese reflexionado un poco más, ya que mas allá de los profanos y de los ingenuos hay quien podría hacerse ciertas preguntas e invitarlo a una revisión de ideas que podría no resultar demasiado simple. Este es un punto importante, dado que de la particular actitud de Guénon con respecto a lo espiritual no puede dejar de desprenderse un completo desconocimiento de todo lo que occidente, en relación a lo propiamente espiritual -aunque sea solamente en tanto que exigencias y tendencias- ha realizado, y, por tanto, de la indicada remisión al oriente casi como al ancla de salvación de alguien que nada tiene y pide todo. De hecho, el espíritu occidental está caracterizado específicamente por la libre iniciativa, por la afirmación, por el valor de la individualidad, por una concepción trágica de la vida, por una voluntad de potencia y de acción, elementos éstos que, si bien podrían ser el reflejo sobre el plano humano, exterior, del superior valor mágico, chocan sin embargo contra quien desee a su vez el mundo universal, impersonal e inmóvil del intelectualismo "metafísico". Destaquemos todavía lo siguiente: en sus referencias al mismo oriente Guénon, conscientemente o no, es, por necesidad, unilateral. De hecho, se limita a la tradición védica, tal como ha sido desarrollada hasta los *Upanishads* y el *Vedanta*, desatendiendo otras varias escuelas que, si bien son poco reductibles a ella, no por ello son menos "metafísicas". Indicaremos solamente el sistema de los Tantra y las corrientes mágicas y alquímicas del *Mahâyâna* y del Taoísmo, en las que el acento es colocado precisamente sobre la vertiente "potencia", de donde, antes que contradecirlo, podría ofrecer a occidente materia para una más alta reafirmación. Guénon, de hecho, no ignora tales escuelas, pero las considera "heterodoxas", lo que, en él, es un explícito veredicto de condena; para nosotros, sin embargo -permítanos Guénon decirlo- éstas son simples palabras: está por ver si habrá que denominar verdadera y elevada una doctrina porque es tradicional, o bien si debe ser llamada tradicional porque es verdadera y elevada. También aquí Guénon presupone hechos y evidencias, los cuales quedan sin embargo perfectamente inconclusos -tendencia ésta dogmática y autoritaria que se refleja un poco por todas partes en sus escritos, por otro lado, por claridad y erudición, bastante apreciables-. Podemos por tanto ver hasta qué punto el *Vedanta* -que para Guénon sería casi el sistema "metafísico" por excelencia- puede representar algo para un occidental que no sea un degenerado, esto es, que no haya perdido en cuanto a conciencia crítica y espíritu de afirmación lo que ha realizado la civilización a la cual pertenece, que no abandone sus posiciones para retroceder, sino que quiera sin embargo llevarlas adelante. Pero antes se impone una advertencia. Hemos señalado el carácter transcendente de la realización metafísica y la dificultad de poder darle un sentido en función de las categorías habituales. Pero este punto -explícitamente concedido por nosotros- no debe convertirse en refugio para un desenfrenado, dogmático, arbitrario y subjetivo divagar. Precisamente esto es lo que hacen algunos diletantes "ocultistas": no permanecen callados en lo puramente inefable, sino que hablan; con todo, cuando se les pide que determinen el sentido de sus expresiones y que se den cuenta de las dificultades que suscitan, se vuelven atrás vaporizándose de nuevo en la referencia a un puro intuir interior, el cual queda de ese modo como un hecho en bruto que no da cuentas de sí mismo, que se impone un poco como el gusto de uno al que agrada el queso contra aquel de otro, que prefiere las fresas. Por consiguiente, o se permanece encerrado en el ámbito iniciático, cuyos sistemas autoverificativos y comunicativos no pueden sin embargo, salvo algunos casos excepcionales, entrar en el horizonte de un "profano", o bien se habla. Pero, si se habla, hay que atenerse a hablar correctamente, es decir, a rendir cuentas de aquello que se dice, a respetar las exigencias lógicas que aquí son tan inofensivas como las gramaticales, a hacer ver que el objeto de la realización metafísica, aunque sea por accidente (en su "forma propia", en la pura interioridad del Yo) proporciona satisfacción real a todas aquéllas exigencias y aquéllos problemas que en el ámbito puramente humano y discursivo están destinados a permanecer puramente como tales. Es demasiado fácil, de hecho, resolver los problemas no presentándolos, imitando así al avestruz que evade el peligro escondiendo la cabeza bajo el ala. Es preciso, por el contrario, mantenerse firme, afrontar al enemigo mirándolo cara a cara y abatirlo usando sus mismas armas. Decimos esto para prevenir que se acuse a nuestra crítica -si no incluso a nuestra obra en general- de tener un alcance puramente filosófico. Ello, antes que nada, no es exacto, puesto que en nosotros lo que está primero es una determinada "realización" y, solamente después, como revestimiento, un determinado sistema lógicamente inteligible. Pero aunque así fuese, cada expresión en cuanto tal es pasada por la prueba de fuego del logos; y si parte de lo supraracional, tanto mejor, pues vencerá ciertamente esta prueba, ya que lo que es superior implica y contiene en modo eminente a lo que es inferior. Y esperamos que Guénon sea consciente de que su libro sobre el *Vedânta* no es más que una exposición filosófica. Él habla ciertamente de algo que no es precisamente filosófico pero, con todo, habla (y no es culpa suya, puesto que no hay otra posibilidad, a menos que se recurra a los símbolos) filosóficamente, o sea, se esfuerza por presentar algo inteligible y justificado. Si, por lo tanto, aferrándonos a este aspecto de la cuestión, demostramos la relatividad de tal inteligibilidad y justificación, él, por su parte, no puede retroceder y salir del paso refiriéndose a una superior validez tradicional metafísica, con respecto a la cual, por lo demás, y sobre el mismo terreno, sabremos reafirmar nuestra adhesión; nuestras críticas filosóficas no son más que siervas obedientes. Por consiguiente, ¿qué dice el *Vedântâ* sobre el mundo, sobre el hombre y sobre su devenir?

En primer lugar, está el presupuesto optimista, el que exista un Dios, esto es, que el conjunto contingente y fenoménico de las cosas no sea lo primero, sino solamente el aspecto accidental de un todo que, actualmente, es ya perfecto y está comprendido en un principio superior. Que esto sea un mero presupuesto, y que Guénon preste bastante poca atención a la teoría del conocimiento propia de los hindúes, todo el mundo puede verlo por sí mismo con solo saber que para el hindú no cualquier cosa es verdadera, sino sólo en cuanto sea actualmente experimentada. En nuestro caso no hay ninguna certeza de Dios fuera de la experiencia del Yo que lo tenga por contenido. Ahora bien, puesto que tal experiencia no es inmediata y general, sino que, para llegar a ella, se precisa un determinado proceso, no existen argumentos demostrativos aptos para afirmar que Dios existe ya (y por tanto que el proceso es simplemente re-cognoscitivo) antes de aparecer como un resultado de este proceso que ha hecho divino algo que no era tal. Pasemos adelante. De este presupuesto -Dios o Brahman- el mundo sería la manifestación. Pero el concepto de manifestación según el *Vedânta* es algo sumamente ambiguo. De hecho, se dice que Brahman en la manifestación permanece aquello que es inmutable, inmóvil-. No sólo eso, sino que la manifestación misma (y, por lo tanto, todo lo que es particularidad, individualidad y devenir) es, respecto a Ello, algo "rigurosamente nulo". Es una modificación que de ningún modo Lo altera. En el Brahman, en eterna y actual presencia, están todas las posibilidades; la manifestación es solamente un modo accidental que revisten algunas de ellas. Cómo tales proporciones puedan tornarse inteligibles difícilmente podría demostrarse. Adviértase: aquí no es válida la escapatoria del ex nihil católico, donde el nihil se transforma en un principio distinto y a su modo positivo, del cual las criaturas serían materializadas a fin de que existan y, al mismo tiempo (en cuanto hechas de "nada", de "privación"), no existan. Brahman no tiene sin embargo nada fuera de sí: menos aún la "nada". Las cosas son sus modificaciones: ¿cómo se puede decir por tanto que no son? En conexión con ello: si Brahman es la síntesis absoluta de todo, ¿qué puesto hay para un modo contingente de considerarla? ¿cómo es posible que surja un modo tal, un oscurecimiento semejante de Brahman? ¿cómo no advertir que la frase solo tiene sentido presuponiendo la existencia de un principio distinto de Brahman, capaz precisamente de incluirlo en modo relativo y accidental, lo que va contra la premisa principal? dice Guénon (p. 30-31): "metafísicamente la manifestación no puede ser considerada mas que en su dependencia del principio supremo y a título de simple soporte para elevarse al conocimiento transcendente". Nos preguntamos: ¿quién es el que se eleva a tal conocimiento? o es Brahman mismo, y entonces es preciso entender, con Eckhart, Scoto Erigena, Hegel, Schelling y tantos otros, que el mundo es el mismo proceso autocognoscitivo del Absoluto -pero entonces tiene un valor y una realidad, y antes de ser un fantasma frente a la síntesis eterna preexistente es el acto mismo con el cual esta síntesis se da a sí misma-, o bien es "otro" frente a Brahman, lo que significa hacer de Brahman algo relativo, "uno entre dos", contra la hipótesis considerada. Aún añade: "inmutable en su naturaleza propia, Brahman desarrolla solamente las posibilidades indefinidas que porta en sí mismo, mediante el paso de la potencia al acto... y ello sin que su permanencia esencial sea afectada, precisamente porque este pasaje no es sino relativo y este desarrollo no es desarrollo mas que en cuanto se lo considera desde el lado de la manifestación, fuera de la cual no puede ser cuestión de una sucesión cualquiera, sino solamente de una perfecta simultaneidad" (p. 36). La dificultad es la misma: todo estaría muy bien siempre que hubiese modo de hacer entender cómo puede existir un punto de vista distinto al del Absoluto y coexistente con él. Pero si ello no es posible, la sucesión, el desenvolvimiento y el resto no pueden ser denominados accidentales e ilusorios, sino absolutamente reales. El único refugio sería el creacionismo como *projectio per iatum dei* de los teólogos católicos, es decir, la posibilidad divina de separar de sí misma centros distintos de consciencia, que puedan por tanto ver desde el exterior aquello que El interiormente incluye en modo eterno. Pero prescindiendo incluso de la inconsistencia lógica de tal punto de vista, queda el hecho de que es enteramente desconocido para la sabiduría hindú.

Guénon multiplica los puntos de vista para explicar las antinomias y no advierte que ésta es una pseudo-solución, o, mejor dicho, un círculo vicioso, salvo que se parta de un dualismo originario, esto es, propiamente desde lo opuesto a aquello a lo que se quiere llegar. Traspuestas a aquéllas propias de los diferentes puntos de vista, las oposiciones no sólo permanecen, sino que resultan exasperadas.

Guénon acierta cuando dice (p. 44) que no se puede separar la manifestación de su principio sin que ésta se anule -de donde el profundo sentido de las doctrinas *Vedânta* y *Mahayana* acerca de que las cosas son a un tiempo reales (con referencia a su principio) e ilusorias (si se toman en sí mismas)-. No le reprochamos tal separación, sino la del principio respecto a la manifestación. De decir que, si bien el mundo no puede distinguirse de Brahman, sin embargo Brahman puede distinguirse del mundo (como su causa libre), a decir que "la manifestación al completo es rigurosamente nula respecto a su infinidad", hay un buen salto, que consiste en la introducción subrepticia de una concepción muy dudosa de la infinidad misma. Esto es: la infinidad entendida como indeterminación, como lo que para cada determinado no puede más que significar la muerte de sí. Para nosotros, la verdadera infinidad no es tal, si bien ésta es su hipóstasis abstracta, casi el carácter propio del ser ignorante e impotente. La infinidad verdadera es potestas, es decir, energía de ser incondicionadamente aquello que se desea. Lo Absoluto no puede tener, como una piedra y una planta, una naturaleza propia (y tal sería la misma infinidad si se entendiera como algo fatal, inmutable, luego pasivo respecto a sí mismo). Ello es aquello que quiere ser; y lo que quiere ser es, sin duda, el Absoluto, el Infinito. Al manifestarse es, en consecuencia, lo finito, lo individual, etc. Así pues, no es ya la muerte y la contradicción de lo Infinito (luego un no ser), una nada que oscurece la plenitud (omnis determinatio negatio est), sino al contrario, Su acto, Su gloria, aquello por lo cual testimonia y afirma en Sí mismo Su libertad potente.

Tal punto de vista reaparece en una escuela oriental (a la que naturalmente Guénon llama "heterodoxa"): la de los çakti-tantra, los cuales dirigen al *Vedânta* una crítica cuyo alcance es indiscutible. Solamente a condición de colocar en el lugar de las nebulosas e intelectuales nociones de espíritu (âtma) e Infinito (Brahman) aquélla activa y concreta de potencia (çakti) dicen ellos- puede resolverse, desde un punto de vista no dualista, las varias dificultades inherentes al concepto de manifestación. Lo Absoluto es potencia de manifestación, el mundo es su acto: por tanto, es real, con una suprema realidad. Si en cambio lo Absoluto se comprende como una infinidad actual existente ab aeterno, ¿qué lugar queda ya para la manifestación? ¿no se percata Guénon del absurdo del concepto de que ésta sea "desarrollo" de algunas "posibilidades" presentes en el principio supremo? De hecho, o se le da un sentido al término "desarrollo", o no se le da. En el primer caso, se tendría algo que es, a un tiempo y en la misma relación, potencia y acto, lo cual es una contradicción de términos. Tal es la "posibilidad" de la cual habla, ya que ésta, en cuanto referida a la eventual manifestación, debería estar en potencia, pero en cuanto, por otra parte, es posibilidad del principio supremo, ya no es posibilidad sino actualidad, algo ya "desarrollado", pues nada hay en Brahman que no sea actual[5]. Puede notarse cómo Guénon, en su entusiasmo (casi diríamos fanatismo) por oriente, ve la paja en el ojo del vecino, pero no la encuentra en el suyo propio: de hecho, precisamente, esta crítica él la dirige a la concepción de Leibnitz (que, naturalmente, para él es mera "filosofía profana") y no se percata de que ésta se hunde en las raíces mismas del *Vedânta*.

La contradicción, por lo tanto, solamente cesa si consideramos a Brahman no ya como eterna luz intelectual, sino como pura potencialidad que en lo manifestado tiene, no su

---

[5] Adviertase: la crítica efectuada pretende eliminar la dificultad de estos aspectos contradictorios presentes en una misma cosa refiriéndolos a dos distintos puntos de vista.

negación, sino su afirmación. Y la necesidad de tal concepción se filtra frecuentemente en el mismo Guénon -allí donde se refiere a una "voluntad creadora divina", a un "supremo principio causal"-. Así, se acerca a la coherencia -pero, al mismo tiempo, se aleja del *Vedânta* tal cual es verdaderamente-. De hecho, el *Vedânta* afirma explícitamente que lo Absoluto no es causa ni actividad, que causa y actividad no recaen en él, sino en la inconsciente "mâyâ", de lo que se deduce que cuando se le atribuye cualquier tipo de función ("Yo causo, Yo actúo, Yo creo"), se cae víctima de la ilusión y de la ignorancia. Causalidad, creación y todo lo que es devenir y determinación no recaen, para el *Vedânta*, en lo Absoluto, que, por ello, es existencia pura, indeterminada, privada de cualquier atributo (*nirguna-Brahman*), sino en el Absoluto oscurecido por *mâyâ* (*saguna-Brahman*), siendo *mâyâ* un principio inexplicable e indefinible, un "dato" frente al cual es preciso detenerse. Y entre saguna-Brahman y *nirguna-Brahman* hay un abismo inagotable[6]: uno es, el otro no es. Concepto éste al cual de hecho Guénon, por otra parte, se atiene rigurosamente, reafirmando así la originaria concepción abstracta de lo Absoluto y de lo universal.

    La originalidad y, al mismo tiempo, el defecto de origen del *Vedânta* está precisamente en la separación del principio de una síntesis con respecto a lo que está ya sintetizado, separación que hace de los dos términos algo contradictorio uno con respecto al otro. Mientras en un no-dualismo consecuente lo universal es el acto que comprende a lo particular como la potencia de la cual es el acto y a través de la cual se realiza, en el *Vedânta* lo universal no comprende sino que excluye a lo particular, ya que aquél no puede comprender a éste más que negándolo en una indeterminada identidad, en el mero éter de consciencia (cit-

---

[6] Las tentativas de conciliación, tendentes, por ejemplo, a concebir la inmovilidad de lo Absoluto como la del aristotélico "motor inmóvil", si bien encuentran fundamento en otras escuelas orientales, no podrían sin embargo darse correctamente en el Vedânta.

âkâça), noche -por decirlo en términos hegelianos- en la que todas las vacas son negras.

Se puede preveer desde ahora que, acercándose a tal visión, todo significado del hombre y de su devenir se disuelve. El individuo, en cuanto tal, pertenece a la manifestación y es entonces una nada, una bagatela; ésta es la única consecuencia rigurosa de la premisa. Es inútil negar la legitimidad de asumir para sí al individuo y decir por tanto que la distinción entre el Yo y Brahman es un ilusión propia del Yo (p. 210), porque precisamente aquí está el problema: esta ilusión es real y haría falta explicar cómo nace y cómo es posible la demostrada imposibilidad de duplicar los puntos de vista. Es inútil también desdoblar la unidad de consciencia en un "Si" (personalidad, Yo metafísico) y un "Yo" (individualidad, yo empírico), ya que nos encontramos con las mismas contradicciones antes señaladas procedentes de la presuposición de la absoluta heterogeneidad entre universal y particular, entre metafísico y empírico. Entre este "Si" y este "Yo" no puede haber una unión real (como en una doctrina de la potencia, donde el "Si" sería la potencia de la cual el Yo es el acto, o bien, desde otro punto de vista, al contrario), sino una composición extrínseca, incomprensible (confirmada por lo demás por la doctrina de los "cuerpo sutiles" tal como la expone Guénon), análoga a la de "esencia" y "existencia" escogida por la Escolástica; y otra confirmación de ello nos la da el propio Guénon cuando dice que el pasaje del estado manifestado al de Brahman (correspondiente a los dos principios del hombre) implica un salto radical (p. 200).

La inconsistencia de tal opinión (que, entre otras cosas, en lo referente a la "salvación" o "liberación" debería coherentemente desembocar en el misterio cristiano de la "gracia") del *Vedânta* la han mostrado con pericia precisamente los Tantra. Éstos hacen a los vedantinos el siguiente razonamiento: "decís que lo verdaderamente real solamente es el inmóvil Brahman sin atributos, y el resto -el conjunto de los seres condicionados- es ilusión y falsedad. Ahora responded:

¿quiénes sois vosotros, que afirmáis esto, Brahman o un ser condicionado? pues si sois un ser condicionado (y otra cosa lealmente no podéis decir), sois ilusión y falsedad y, por consiguiente, con mayor razón, ilusorio y falso será todo lo que decís y asímismo vuestra propia afirmación, puesto que solamente Brahman es, y el resto es ilusión".

Por lo demás el mismo concepto de "ser condicionado", con el cual Guénon define al hombre y a las otras "manifestaciones" semejantes a él, conduce una vez más al dilema ya indicado. De hecho, o se admite un principio distinto, susceptible de experimentar ciertas condiciones, contra una potencia condicionante, pero eso es radicalmente contrario a todo el espíritu del *Vedânta*, o bien se niega la distinción, y entonces lo condicionado y lo condicionante devienen una sola y misma cosa: Brahman, que en los diversos seres se quiere determinado de una forma o de otra. Por lo que nada hay relativo y dependiente, todo es al contrario absoluto, todo es libertad. Y aquí, una vez más, no cabe la solución de los puntos de vista. No tiene sentido hablar de un punto de vista de la criatura que vive como condición y dependencia aquello que para Brahman no es tal: el punto de vista no puede ser mas que único, el de Brahman. Y es Brahman quien en los diversos seres se alegra y entristece y en los yoguis se apresta a darse a Sí mismo la propia "liberación". Tal es el punto de vista de los tantra (y, con ellos, de todo el inmanentismo occidental), el cual sin embargo no puede ser el del *Vedânta*, precisamente porque para el *Vedânta* el Absoluto como causa inmanente es ilusión y entre él y lo relativo y "manifestado" hay discontinuidad, salto radical. Por ello el mundo es una nada, el hombre es una nada, el devenir del hombre es el de una nada que se resuelve en la nada. ¿Cuál es de hecho el sentido de tal desarrollo según el *Vedânta*? un reabsorverse del estado de existencia concreta en el estado de existencia sutil y después de tal estado en el no-manifestado, donde las condiciones (leyes, determinaciones) individuales son al fin canceladas totalmente. No se trata por lo tanto -como dice el propio Guénon (p. 175)- de una "evolución" del individuo, ya que siendo el fin "la reabsorción de lo individual en el estado no-manifestado, desde el punto de vista del individuo habría que denominarlo más bien una "involución". Nosotros vamos, por el contrario, más allá: concibiendo la manifestación como el acto de lo Absoluto (recuérdese siempre que es imposible duplicar los puntos de vista) diremos que tal devenir es verdaderamente un venir a menos del propio Absoluto a su acto, su arrepentirse; regresión, degeneración, y no progresión.

Por lo demás, es dudoso que las ideas de Guénon y del *Vedânta* sobre este punto sean claras. De hecho, acerca de la "reabsorción", se habla también de una identificación del Yo con Brahman, en el cual sin embargo no se pierde de ningún modo (p. 233), y de una "resolución" que más que aniquiladora es transformadora, pues concurre a una expansión mas allá de todo límite y realiza la plenitud de las posibilidades (p. 196-97); ambigüedad ésta en la que se refleja el conflicto de un dato de experiencia interna, espiritual, válido en sí mismo, que no ha encontrado, para expresarse, un cuerpo lógico adecuado, pues está deformado por una concepción limitada y extática, como es la propia del universalismo abstracto del *Vedânta*. En todo caso, la dificultad principal permanece: cualquiera que sea la dirección, ¿tiene o no el devenir del hombre un valor, un valor cósmico? En suma ¿por qué debo yo devenir, transformarme? De nuevo, no queda más que la escapatoria de los puntos de vista. Respecto al infinito, considerado como existente *actualiter et tota simul ab aeterno*, como idéntico rigurosamente a sí mismo en cualquier estado o forma, todo lo que es devenir de "seres condicionados" no puede tener ningún significado real; no puede realizar a Brahman en más, del mismo modo que su no porvenir no podría realizarlo en menos. Brahman es, y no puede más que ser, indiferente: ya sea el estado de un bruto (paça), el de un héroe (vîra) o el de un dios (deva), para Él deben ser perfectamente la misma cosa, y por tanto el progreso desde uno de estos estados hasta otro, desde Su punto de vista, no puede tener ningún sentido y justificación. Al contrario, en rigor, no se puede hablar de progreso y regreso, sino solamente de pasaje; pero ni siquiera eso, ya que el mismo devenir es una ilusión referida a un punto de vista distinto al de Brahman.

Cada uno puede ver qué consecuencias prácticas se derivan de ello. Se nos presentan dos opciones: o bien una contemplación pasiva y estupefacta del sucederse incomprensible de los estados, o bien una moral utilitaria. Utilitaria porque el motivo animador del eventual desarrollo y transformación del hombre no podría conectarse a un valor cósmico, en el sentido de que el mundo, Dios mismo, exige algo que no existe si no es por el "Yo", y que solamente podría justificarse en función de una utilidad personal, de la conveniencia que pueden ofrecer al individuo ciertos estados particulares de existencia. Pero esto no basta. Desde el punto de vista de un vedantismo coherente se deriva un derrotismo moral tal que no es capaz de justificar siquiera una ética utilitaria. Y ello porque el pasaje a través de una jerarquía de estados hasta el no manifestado Brahman, que un ser particular puede realizar mediante el largo, áspero, austero proceso de autosuperación propio del Yoga, no es más que una especie de aceleración de algo que acaecerá naturalmente a todos los seres, es la "liberación actual" en lugar de la "liberación diferida", donde todo se reduce a una cuestión de... paciencia. De hecho, el punto de vista del *Vedânta* es que el mundo, procedente de estados no manifestados, vuelve a sumergirse en ellos al final de cierto período, y ello recurrentemente. Al final de tal período, todos los seres, bon gré mal gré, serán por tanto liberados, "restituidos". De donde una nueva negación: no sólo falta toda real y suprapersonal justificación para dicho desenvolvimiento, sino que la misma libertad es, según esto, negada: los seres, en última instancia, están fatalmente destinados a la "perfección" (creemos que está permitido dar este atributo, ésta "relatividad" a lo no manifestado respecto a lo manifestado, desde el momento en que no somos tan no-dualistas como para no distinguir entre aquéllo y esto); esta visión contrasta con muchas otras de la misma sabiduría hindú -especialmente del Budismo- en el cual, por el contrario, es muy vivo un sentido trágico de la existencia, el convencimiento de que si el hombre no se hace el salvador de sí mismo nadie podrá nunca salvarlo, de que solamente su voluntad puede sustraerlo al destino de la generación y de la corrupción (*samsâra*) en el cual, de otra forma, permanecería para la eternidad.

Creemos que no hace falta añadir más para dar cuenta del sentido de lo que quiere el *Vedânta*. Lo cierto es que de ningún modo es esto lo que queremos. Y si un "profano" nos dijese que, si tal es la "metafísica" -el nihilismo de la realidad, de los valores y de la individualidad-, él no sabría qué hacer con ella, no bastándole ni sirviéndole, nosotros, verdaderamente, no sabríamos como quitarle la razón. Ciertamente, hemos desatendido algunos de los elementos positivos contenidos en el *Vedânta* (aunque no por ello los negativos ya encontrados cesen de ser tales), bien sea porque tales elementos no constituyen lo más específico del *Vedânta*, sino que son comunes a otras tradiciones esotéricas y especialmente a las que hemos denominado mágicas, bien sea porque se debe insistir en aquello que oriente tiene de negativo contra quienes, como Guénon, no quieren ver en occidente nada positivo. Adviértase lo siguiente: quien esto escribe tiene con respecto a oriente la máxima consideración, y con él ha estrechado unos vínculos mucho más profundos de cuanto pueda parecer a primera vista. Pero no puede y no quiere proceder dogmáticamente: tanto oriente como occidente deben ser sometidos a una crítica que, ya sea en el uno o en el otro, separe lo positivo de lo negativo. Solamente tras una tal separación -a decir verdad, con un espíritu exento de prejuicios y de manías polémicas mas o menos femeninas- se puede pensar en tal síntesis, que quizás sea problema de vida y de muerte para una o para otra cultura.

Con relación a ello, dos nos parecen ser los puntos fundamentales. La consciencia racional, el puro nivel lógico y discursivo -en el cual está el culmen de la civilización occidental- está superada. Pero aquello que está verdaderamente más allá del concepto no es el "sentimiento", como tampoco la moralidad, la devoción, la contemplación o la identificación "intelectual". Lo que está mas allá del concepto es, sin duda, la potencia. Más allá del filósofo y del científico no está el santo, el artista, el contemplativo, sino el mago: el dominador, el Señor. En segundo lugar: la consciencia extrovertida, perdida en el mundo material y haciendo de éste la última instancia, queda trascendida. Pero esta superación no debe consistir en áscesis, desapego, fuga de la realidad, fe soñadora en los cielos e inmersión intelectual en la identidad suprema: debe ser, al contrario, inmanente resolución del mundo en el valor, espíritu que haga de la realidad la expresión misma de la perfección de su actualidad. La realidad del mundo queda reconocida, a decir verdad, como la del lugar mismo donde de un hombre se saca un dios y de la "tierra" un "sol".

Estas dos exigencias encuentran su mejor expresión en dos máximas que, a propósito, no extraemos -como podríamos hacer- de la "profana filosofía intelectual", sino de un sistema metafísico oriental, el de los Tantra:

"Sin çakti (=potencia) la liberación es mera burla".

"¡Oh, señora del Kula! En *Kuladharma* (vía tántrica de la potencia) el disfrute deviene realización (yoga) perfecta, el mal se hace bien y el mundo mismo se convierte en el lugar de la liberación".

René Guénon

A PROPÓSITO DE LA METAFÍSICA HINDÚ. UNA RECTIFICACIÓN NECESARIA

En el artículo aparecido en estas mismas páginas (p. 21-24 de 1925) a propósito de nuestro libro sobre el Vedânta (*L'homme et son devenir selon le Vedanta*, Bossard, París, 1925), J. Evola ha cometido cierto número de errores bastante singulares; no lo habríamos puesto de manifiesto si se tratase sólo de nosotros, pero, y esto es bastante mas grave, versan sobre la interpretación de la doctrina misma que hemos expuesto, y por ello no es posible dejarlos pasar sin aportar una rectificación.

Ya anteriormente, en un artículo publicado en la revista Ultra (septiembre de 1925), Evola había creído incidentalmente tomar contra nosotros la defensa de la ciencia occidental actual, de la cual reconoce sin embargo, bajo ciertos aspectos, su insuficiencia, y al mismo tiempo nos había tratado de "racionalista". Esta equivocación, verificada a propósito de un libro (*Orient et Occident*)[7], en el cual habíamos denunciado precisamente al racionalismo como uno de los principales errores modernos, es verdaderamente sorprendente. Ahora vemos que el reproche de "racionalismo" viene dirigido al mismo *Vedânta*; es cierto que esta palabra está quizás distorsionada de su

---

[7] *Oriente y Occidente*, Omnia Veritas Limited, www.omnia-veritas.com

verdadero sentido, y que en todo caso la definición que viene dada de ella, en términos visiblemente tomados en préstamo de la filosofía alemana, está lejos de ser clara. Sin embargo la cosa es bien simple: el racionalismo es una teoría que pone la razón por encima de todo, que pretende identificarla, sea con la entera inteligencia, sea al menos con la parte superior de la inteligencia, y que, por consiguiente, niega o ignora todo aquello que sobrepasa a la razón. Es éste un tipo de concepciones propio de la filosofía, y por lo tanto específicamente moderno; Descartes es el primer auténtico representante del racionalismo. No vemos que pueda tratarse de otra cosa más que de ésta, tanto más cuanto que Evola tiene el cuidado de precisar que pretende hablar "del racionalismo como sistema filosófico"; ahora bien, el *Vedânta* nada tiene en común con un "sistema filosófico" cualquiera, y hemos hecho observar frecuentemente que las etiquetas occidentales no podrían de ningún modo ser aplicadas a las doctrinas metafísicas de oriente.

Verdaderamente, Evola está mucho más cercano que nosotros a admitir las pretensiones del racionalismo, porque rechaza ver una diferencia entre la razón y lo que hemos llamado la intelectualidad pura; él demuestra así, simplemente, ignorar por completo qué es esta última, si bien afirma lo contrario de manera bastante imprudente. Si la expresión "intelectualidad pura" le disgusta, que proponga otra en sustitución; pero ¿con qué derecho alega la pretensión de que ésta, en el uso que hacemos, signifique otra cosa de lo que nosotros hemos querido designar así? Continuamos sosteniendo que el conocimiento metafísico es esencialmente "supra-racional", pues o es tal o no es, y el único resultado lógico del racionalismo es la negación de la metafísica. He aquí, por otra parte, sobre el carácter de este conocimiento metafísico, otro y no menos deplorable error, pues, de acuerdo con la doctrina hindú, hablamos de conocimiento puro y de "contemplación". Evola se imagina que se trata de un actitud puramente "pasiva", mientras que es exactamente lo contrario. Una de las diferencias fundamentales entre la vía metafísica y la vía mística consiste en que la primera es esencialmente activa, mientras la segunda es esencialmente pasiva; y esta diferencia es análoga, en el orden psicológico, a la diferencia que hay entre la voluntad y el deseo. Nótese bien que decimos análoga y no idéntica, primero porque se trata de conocimiento y no de acción (no hay que confundir "acción" y "actividad"), y después porque aquello de lo que hablamos está absolutamente fuera del dominio de la psicología, pero no es menos cierto que se puede considerar a la voluntad como el motor inicial de la realización metafísica, y al deseo como el de la realización mística. Esto, por lo demás, es todo lo que podemos conceder al "voluntarismo" de Evola, cuya actitud a este respecto no tiene sin duda nada de metafísico ni, comoquiera que se piense, de iniciático. La influencia ejercida sobre él por filósofos alemanes como Schopenhauer y Nieztsche es bastante llamativa, mucho más que la del Tantra en el cual se escuda, pero al que no parece comprender mejor que el *Vedânta* y al cual ve más o menos como Schopenhauer veía al Budismo, es decir, a través de las concepciones occidentales. La voluntad, como todo lo que es humano, no es más que un medio; sólo el conocimiento es un fin en sí mismo; por supuesto, aquí hablamos del conocimiento por excelencia, en el sentido verdadero y completo de la palabra, conocimiento "supra-individual", luego "no-humano", según la expresión hindú, y que implica la identificación con lo que es conocido. Sobre esto, el *Vedânta* y el Tantra, para quien los comprenda bien, están perfectamente de acuerdo; ciertamente, hay entre ellos diferencias, pero versan en suma sólo sobre los medios de la realización; ¿porqué Evola se esfuerza por encontrar una incompatibilidad que no existe entre estos distintos puntos de vista? haría bien en remitirse a lo que hemos dicho acerca de los darshanas y de sus relaciones en nuestra *Introduction générale à l'étude des doctrines hindoues*[8]. Cada uno puede seguir la vía que mejor le convenga, la más adaptada a su naturaleza, porque todas conducen al mismo fin y, cuando se ha

---

[8] *Introducción General al Estudio de las Doctrinas Hindúes*, Omnia Veritas Ltd.

superado el dominio de las contingencias individuales, las diferencias desaparecen.

Sabemos al menos, al igual que Evola, que hay tradiciones iniciáticas semejantes, que son precisamente estas varias vías a las que hemos aludido; pero no difieren más que en las formas exteriores y su fondo es idénticamente el mismo, porque la Verdad es una. Naturalmente hablamos de verdaderas tradiciones "ortodoxas", las únicas que nos interesan; esta noción de la ortodoxia no ha sido comprendida por nuestro contradictor, aunque hayamos tenido la precaución de precisar en ocasiones parecidas en qué sentido había que entenderla, y de explicar por qué, en este campo, ortodoxia y verdad no son sino una y la misma cosa. Hemos quedado estupefactos al ver afirmar que, para nosotros, son "heterodoxos" ¡el Tantra, el *Mahayana*... y el Taoísmo! ¡y, sin embargo, hemos declarado lo mas claramente posible que este último representa, en el extremo oriente, la metafísica pura e integral! Y, en *L'homme et son devenir selon le Vêdânta*, hemos citado también un número bastante elevado de textos taoístas para mostrar su perfecta concordancia con la doctrina hindú; ¿Evola no se habrá dado cuenta? Es cierto que el Taoísmo no es ni "mágico" ni alquímico, contrariamente a lo que él supone; nos preguntamos de dónde ha podido hacerse una idea tan ilusoria. En cuanto al *Mahayana*, se trata de una transformación del Budismo por reincorporación de ciertos elementos tomados prestados a las doctrinas ortodoxas; esto es lo que hemos escrito contra el Budismo propiamente dicho, eminentemente heterodoxo y antimetafísico. En fin, en cuanto al Tantra, habría que distinguir: existe una multitud de escuelas tántricas de las cuales algunas son de hecho heterodoxas, al menos parcialmente, mientras que otras son estrictamente ortodoxas. Hasta hoy no hemos tenido nunca ocasión de explicarnos sobre esta cuestión del Tantra, pero Evola, por decirlo de pasada, no capta más que muy imperfectamente el significado de la "*Shakti*". Sin duda, no ha observado que nosotros afirmamos bastante a menudo la superioridad del punto de vista shivaíta sobre el punto de vista vishnuita; esto habría podido abrirle otros horizontes.

Naturalmente, no nos detendremos aquí en las críticas de detalle, que proceden todas de la misma incomprensión; por otra parte, estamos muy poco convencidos de la utilidad de ciertas discusiones por medio de procedimientos sacados de la filosofía profana, y que verdaderamente no están en su lugar más que en ella. Se sabe, hace ya tiempo, que hay cosas que no se discuten; hay que limitarse a exponer la doctrina tal como es, para aquéllos que son capaces de comprenderla, y es lo que pretendemos hacer en la medida de nuestros medios. A quien busca verdaderamente el conocimiento nunca se le deben ser negadas las aclaraciones que solicita, si es posible proporcionárselas, y si no se trata de algo absolutamente inexpresable; pero si alguien se presenta con una actitud de crítica y de discusión, "las puertas del conocimiento deben cerrarse ante él"; por otra parte, ¿de qué serviría explicar algo a quien no quiere comprender? Nos permitimos invitar a Evola a meditar sobre estos pocos principios de conducta, que por otro lado son comunes a todas las escuelas verdaderamente iniciáticas de oriente y occidente. Nos limitaremos a destacar algunos ejemplos de manifiesta incomprensión: Evola habla de la identificación del "yo" con Brahman, mientras que se trata del "Sí mismo" y no del "yo", y, si esta distinción fundamental no es captada desde el principio, nada de lo que viene a continuación podría ser tampoco captado. Él cree que el *Vedânta* considera al mundo como una "nada", siguiendo la errónea interpretación de los occidentales, que piensan traducir de esta manera la teoría de la "ilusión", mientras que esta realidad es relativa y participativa, en oposición a la realidad que no pertenece más que al Principio Supremo. Él traduce "estado sutil" como "cuerpo sutil", mientras que ya hemos hecho observar que de ninguna manera podría tratarse de "cuerpos", contrariamente a las concepciones ilusorias de los ocultistas y de los teosofistas, y, por otra parte, en el conjunto de la manifestación formal o individual el "estado sutil" se opone precisamente al "estado corpóreo". Confunde también "salvación" y "liberación", aun cuando hemos explicado que estas son dos cosas esencialmente diferentes y que no se refieren en modo alguno al mismo estado del ser (p. 187 y 218 de nuestra obra); y todavía hay algo más: él escribe que para el *Vedânta*, "al final de cierto periodo, todos los seres, de grado o por fuerza, serán liberados", mientras que nosotros hemos citado (p. 191) un texto que dice lo contrario de modo suficientemente explícito: "En la disolución (pralaya) de los mundos manifestados el ser se sumerge en el seno del Supremo Brama; pero, también entonces, puede estar unido a Brama del mismo modo que en el sueño profundo (es decir, a falta de la realización plena y efectiva de la Identidad Suprema)". Y, para evitar equívocos, añadiremos una explicación sobre la comparación aquí hecha con el sueño profundo, y que indica que en semejante caso hay retorno a otro ciclo de manifestación, de donde resulta que el estado del ser de que se trata no es de hecho la "liberación". Decididamente, hay que decir que Evola, a pesar de su intención de hablar de nuestro libro, ¡no lo ha leído mas que muy distraídamente!

Para hablar francamente, diremos que aquello que falta sobre todo a Evola es una conciencia clara de la distinción entre el punto de vista iniciático y el punto de vista profano; si tuviera esta conciencia, no los mezclaría constantemente tal como hace, y ninguna filosofía tendría influencia sobre él. Sabemos bien que podrá responder, como ya lo ha hecho comprender, que él no toma el lenguaje filosófico más que como un simple medio de expresión; probablemente está persuadido con toda sinceridad de que es así, pero no obstante, por nuestra cuenta, no terminamos de creerle. Por lo demás, el simple hecho de escoger, entre todos los posibles medios de expresión, el menos apropiado, el más inadecuado, el menos capaz de expresar las cosas de que se trata, porque estas cosas pertenecen a muy distinto orden que aquél para el cual está hecho especialmente, este simple hecho, decimos, demuestra una falta de discernimiento de las más deplorables. Lo mas extraordinario es que Evola afirma que nuestro libro sobre el *Vedânta* "no es más que una exposición filosófica", y añade que "espera que nosotros seamos conscientes de ello" (nos preguntamos qué puede importarle); muy al contrario, nosotros lo negamos formalmente, porque nada podría ser más opuesto a nuestras intenciones, que después de todo debemos conocer mucho mejor que nadie, que el hablar "filosóficamente" de asuntos que ninguna relación tienen con la filosofía; y repetimos una vez más: ninguna expresión -verbal o no- tiene para nosotros más que un valor exclusivamente simbólico.

Siempre hemos pretendido situarnos en un terreno puramente metafísico e iniciático, y nadie podrá hacernos salir de él, ni siquiera las críticas formuladas sobre un terreno distinto, que, por ello mismo, golpean necesariamente en falso; Evola no duda de que las cuestiones no se presentan de hecho del mismo modo para él y para nosotros, y que ciertas dificultades filosóficas que sostiene no tienen metafísicamente ningún sentido, pues los términos mismos en que vienen expresadas no corresponden ya a nada cuando se quiere hacer la transposición a un orden superior. Sólo añadiremos una última observación: no concierne a Evola decir que "habríamos hecho mejor en reflexionar un poco mas" en ciertas cosas, porque él no ha trabajado y reflexionado, como nosotros, sobre estas cuestiones, durante mas de quince años antes de decidirse a publicar su primer libro. Es muy joven, y esto es sin duda lo que le excusa; aún tiene muchas cosas que aprender, pero tiene tiempo por delante y podrá quizás aprenderlas... a condición, claro está, de que cambie de actitud y que no se imagine saberlo ya todo.

Julius Evola

NOTA CONCLUSIVA

A Guénon hacemos notar, por nuestra parte, lo siguiente:

1) Que antes de usar una palabra, estamos habituados a definirla. Ahora bien, hemos definido como racionalista toda actitud que "cree en leyes existentes por sí mismas, en principios que son aquello que son, incontrovertiblemente; que entiende el mundo como algo en lo que todo lo que es contingencia, tensión, oscuridad, arbitrio, indeterminabilidad, no tiene ningún lugar". Diganos Guénon si piensa lo contrario o si, pensándolo, permanece en el ámbito del *Vedânta*; de otro modo, su protesta queda como algo hueco. Y que la realización metafísica sea esencialmente supra-racional (en el sentido totalmente empírico de razón usado por Guénon), no nos parece que pueda ser más resueltamente afirmado por quien, como nosotros, ha escrito para llegar solamente "a aquél que tiene la fuerza de tomar en bloque todo aquello que es, siente y piensa; cogerlo, e ir adelante".

2) Si Guénon entiende la "realización intelectual" (con la cual intercambia la metafísica) como "algo esencialmente activo", reflejando, en cierto sentido, el modo de la voluntad, ciertamente retiramos la reserva hecha a tal propósito (aconsejándole sin embargo el término "actualidad pura") para reafirmarla, no obstante, cuando nos habla de una voluntad que no tiene finalidad en sí, sino en un conocimiento. Y respecto a que "conocimiento" signifique también "identificación con el objeto conocido", por nuestra parte, mas allá de esto, afirmamos un valor superior: el dominio sobre el objeto conocido. Y si complace a Guénon creer que nuestro "voluntarismo" nada tiene de iniciático y de metafísico (¡casi como si la potencia de la que hablamos fuese la voluntad muscular de los hombres!), créalo también; nosotros nada podemos hacer puesto que -lo dice exactamente él mismo- no hay modo de hacer comprender a quien no quiere comprender; y como él amenaza con "cerrar las puertas del conocimiento", nosotros cerramos las puertas de algo que estimamos bastante más que su conocimiento o que cualquier otro.

3) No es el caso, en estas líneas, de tratar sobre una rectificación acerca de las varias escuelas orientales y de su "ortodoxia"; por ejemplo, el juicio de heterodoxia de Guénon lo hemos referido no al *Mahayana* y al Taoísmo en sí, sino a corrientes mágicas y alquímicas de estas escuelas que si Guénon (como parece) no conoce, podremos hacerle conocer nosotros cuando quiera. Destacamos solamente que Guénon no ha respondido a nuestra pregunta fundamental: si una doctrina se acepta como verdadera por el simple hecho de ser tradicional, o bien si dejamos juzgar el valor de la tradicionalidad de la inmanente verdad por la doctrina; el hecho de que Guénon permanezca firme en un puro autoritarismo que se acredita a sí mismo para salvar la unidad de las tradiciones iniciáticas crea un círculo vicioso: define a priori como no iniciáticas, profanas, filosóficas, etc., todas aquellas direcciones que no coinciden con su gusto o concepción. En cuanto a nuestra pretendida incomprensión de hecho de la sabiduría hindú, y, en especial, tántrica, tenemos suficiente seguridad de ello gracias a personas que han tenido con ella directas e interiores relaciones, porque las insinuaciones que, a propósito, con mucha frivolidad y sin la mínima prueba, avanza Guénon, nos dejan perfectamente impasibles.

4) En cuanto a lo que se refiere a la relación o mezcla entre filosofía y esoterismo, habría que pedir a Guénon (y, junto a él, a quien nos lee) que releyera lo que, previniéndolo, hemos escrito a propósito en el ensayo en cuestión. Pero, también aquí, no hay peor sordo que el que no quiere oír. Hemos dicho, por ejemplo, que el "carácter transcendente" de la realización metafísica no debe convertirse en refugio para un desenfrenado, dogmático y arbitrario divagar subjetivo"; hemos hablado de "algunos buenos espíritus diletantes en ocultismo" (¡atentos a quienes toca!), los cuales "no permanecen silenciosos en lo puramente inefable, sino que hablan; con todo, cuando se les pregunta que determinen bien el sentido de sus expresiones y rindan cuenta acerca de las dificultades que suscitan, se vuelven atrás vaporizándose de nuevo en la referencia a un puro intuir interior, el cual queda así como un hecho bruto que no da cuenta de sí mismo, que se impone así un poco como el gusto de uno al que agrada el queso frente al de otro que prefiere las fresas"; hemos presentado por tanto el dilema: "o se permanece encerrado en el ambiente iniciático o bien se habla. Pero si se habla, hay que atenerse a hablar correctamente, es decir, a respetar las exigencias lógicas, a hacer ver que el objeto de la realización metafísica, aunque sea accidentalmente, da satisfacción real a todas aquellas exigencias y aquellos problemas que, en el ámbito puramente humano y discursivo, están destinadas a permanecer puramente como tales". Ahora bien, Guénon no sólo habla, sino que escribe, y se dirige a todo un público, a toda una cultura de la que hace la crítica. Por consiguiente, no puede retroceder, no puede cambiar de tema, sustraerse a las que son las condiciones de tal ámbito. Ello, con plena abstracción de lo que nosotros podamos representar en un ámbito que no se reduce precisamente a esto, y para lo cual no sentimos en absoluto la necesidad de pedir un reconocimiento cualquiera a Guénon. A las fundamentales dificultades objetivamente destacadas por nosotros en el *Vedânta* y en su exégesis por parte de Guénon, a la pseudosolución de las antinomias con los puntos de vista, al absurdo de la pura actualidad transcendente, de la teoría de la "realidad menor" y del "ser condicionado", al nihilismo de todo valor, de todo sentido en la manifestación y en el devenir, Guénon no ha contestado ni una palabra sino que, por el contrario, ha creído concluir con pseudo-rectificaciones exteriores y casi gramaticales, que no atañen para nada al nudo de la argumentación, para después tomar por "manifiestas incomprensiones de elementos de la doctrina lo que es simplemente la profundización crítica que, ciertamente, no puede respetar la forma ingenua y provisional en la que son dados" (refiriéndose esto a la distinción entre el "yo" y el "sí mismo", a la ilusión como "realidad menor", al subsistir de los seres no identificados en el pralaya, etc.).

Podemos, por lo demás, tomar nota de la declaración que hace tras que le hayamos dicho explícitamente que para nosotros "filosófico" no significa algo "que se presente en modo inteligible y justificado". Luego se trata de una obra ininteligible e injustificada por explícita declaración de su autor. Esto nos deja bastante perplejos en cuanto que, por un lado, el autor declara que "después de todo sus propias intenciones las conoce mejor que cualquier otro", y, por otro, ciertamente sentiremos (quizás porque, de creer a Guénon, no hemos leído atentamente el volumen) pronunciar propiamente tal apreciación sobre lo que escribe Guénon, para el cual mantenemos bastante mayor estima de la que, quizás, él suponga y crea necesario corresponder.

Convenimos sobre la escasa utilidad de ciertas polémicas sobre determinadas cuestiones, especialmente cuando éstas, más que para eliminarlas, sirven para añadir a las eventuales incomprensiones de una parte al menos otras tantas de la otra. Nosotros, naturalmente, tenemos muchas cosas por aprender aún, del mismo modo que de otras tenemos muchas por enseñar. De lo cual se deduce que, aunque creemos que el argumento de quien nos echa en cara nuestra edad (sin saber nada preciso, sin embargo) no es válido, podemos responder que debe envidiársenos por el hecho de disponer de un tiempo para aprender que la canosa edad de otros, que al menos tienen necesidad de otro tanto, no permite. Y, en cuanto a actitud, corresponde quizás mas el cambiar a quien siente la necesidad de hablar excátedra, desde la tribuna de un autoritarismo intolerante y dogmático, ciertamente más propia de pastor protestante que del serio estudioso de asuntos iniciáticos que, con las debidas reservas, continuamos reconociendo en Guénon.

Julius Evola

LIMITES DE LA REGULARIDAD INICIATICA.

Este texto, de gran importancia, y origen de la polémica entre Julius Evola y René Guenon, fue publicado inicialmente en "Introducción a la Magia", colección de fascículos publicados por el Grupo de UR (Tomo III, pág. 160-175 de la edición italiana), cuyos tres volúmenes fueron publicados en Roma en 1971 por el editor Giovanni Canonico (y posteriormente por Edizioni Mediterranea en italiano, ediciones Arché en francés y, recientemente por ediciones Herakles en castellano). Firmado con el seudónimo EA, este texto es indudablemente de Julius Evola, como lo demuestra el etilo inimitable y no fácil de transponer a otra lengua. La presente traducción corresponde a la edición italiana de 1971. La razón por la que publicamos este texto es para que el interesado por la temática tradicional, disponga de los instrumentos suficientes para el análisis y la valoración sobre el tema. La cuestión de la "regularidad iniciática" es, sin duda, el punto más conflictivo de todo el corpus doctrinal guenoniano y origen de buena parte de los conflictos que ha sufrido. Que cada cual juzgue con serenidad, mesura y objetividad las dos posturas.

Los límites de la regularidad iniciática

Entre los raros escritores que en Occidente, no por erudición, sino por un saber efectivo, asentado sobre base iniciática, han contribuido a una orientación y clarificación en el terreno de las ciencias esotéricas y de la espiritualidad tradicional, René Guenon tiene un puesto de relieve. En general, aconsejamos el estudio de las obras de Guenon a aquellos de nuestros lectores que no lo conozcan, en la medida en que son únicas en su género y en su valor, al igual que puede servir de complemento a mucho de lo que hemos expuesto, al menos por lo que se refiere a lo esencial. Por el contrario, en cuanto a ciertos aspectos particulares, se imponen reservas de nuestra parte, porque frecuentemente la orientación de Guenon se resiente de una línea de pensamiento, diversa a la que se encuentra en la base de nuestras formulaciones y, además, por que la dirección de René Guenon es esencialmente teórica, en tanto que la nuestra, por el contrario, es fundamentalmente práctica. Será pues útil considerar brevemente en qué punto están las cosas en este terreno, a fin de que aquellos que nos sigan puedan establecer la manera en que pueden utilizar adecuadamente lo que ha expuesto Guenon.

Por lo que se refiere a las divergencias doctrinales, haremos simplemente alusión, sin detenernos. No compartimos los puntos de vista de Guenon a propósito de las relaciones que existen entre la iniciación real y la sacerdotal, a propósito de su esquema relativo a los Pequeños y a los Grandes Misterios, y en fin, a propósito de la restricción del término "Magia" al que concede un significado inferior y peyorativo. Estos tres puntos, por lo demás, están en cierta medida ligados unos con otros. Pero lo que queremos tratar aquí es precisamente el problema general de la iniciación.

Esquema guenoniano de la regularidad iniciativa

El punto de vista de Guenon es, en síntesis, el siguiente. La iniciación consiste en la superación de la condición humana y en la realización de los estados superiores del ser: cosa imposible con los meros medios del individuo. Esto podría ocurrir en los orígenes y para un tipo e hombre muy diferenciado del actual; pero hoy sería, por el contrario, necesaria una intervención exterior, a saber la transmisión de una "influencia espiritual" en el aspirante a la iniciación.

Esta transmisión se efectúa ritualmente a través de una organización iniciática regular. Tal es la condición de base: si no se satisface, Guenon estima que no hay iniciación efectiva, sino solamente una vana parodia de esta (la "seudo-iniciacion"). La "regularidad" de una organización consiste en que esté ligada, a su vez, directa o mediante intermediarios de otros centros, a un centro supremo y único. Consiste además, en referirse a una cadena ininterrumpida de transmisión que continúa en el tiempo a través de representantes reales, remontándose hasta la "tradición primordial". A fin de que la transmisión de las influencias espirituales, condicionando el desarrollo iniciático, sea real basta que los ritos requeridos sean exactamente realizados por aquel que está regularmente designado para tal función: que, por lo demás, éste comprenda o no los ritos requeridos, que crea o no en su eficacia, apenas tiene importancia sobre el acto en sí. En estos casos, igualmente, la cadena no se interrumpe y una organización iniciática no cesa de ser "regular", ni capaz de conferir la iniciación, incluso cuando no cuenta más que con "iniciados virtuales". Como se sabe la Iglesia tiene un punto de vista análogo respecto a la ordenación sacerdotal y a la eficacia de los ritos regularmente ejecutados.

En cuanto al candidato a la iniciación, para obtener la transmisión de las "influencias rituales", se pide una cualificación. Tal cualificación concierne, sea la plano físico, con ausencia de ciertos defectos corporales, sea a una cierta preparación mental ("especulativa"), o a la presencia de una aspiración precisa, o, como preferimos llamarlo, de una vocación. Puede decirse de forma general que un estado de desarmonía y desequilibrio descalifica para la obtención de la iniciación. Con la transmisión de "influencias espirituales", se transforma en un "iniciado virtual". Un cambio interior se produce, el cual -al igual que el hecho de pertenecer a la organización a la que se está adherido- será indeleble y subsistirá por siempre jamás.

Sin embargo, la iniciación efectiva tiene necesidad de una labor activa, "operativa", de actualización, que debe ser hecha por uno mismo y que ningún maestro puede acometer en lugar del aspirante (dado que existen diversos grados de iniciación, esto debe ser verosímilmente entendido para cada grado). Los representantes de una organización iniciática no pueden dirigir, controlar y secundar este desarrollo y prevenir desviaciones posibles. El enlace con estados superiores del ser, establecida por medio de la transmisión de influencias espirituales, no tiene siempre necesidad de ser consciente para ser real. En particular, René Guenon distingue netamente entre misticismo e iniciación, pues el místico no es "activo" en sus experiencias: habitualmente no posee siquiera los medios para interpretarlas adecuadamente (especialmente por que se trata de un individuo aislado y la condición base para la iniciación es la ligazón con un "centro" y una "cadena", la cual no se satisface en absoluto. En segundo lugar, René Guenon niega toda posibilidad de ligazón -como el llama "ideal"- con una tradición, es decir, todo enlace que no se efectúe según la vía ritual, anteriormente indicada, y por contacto con representantes vivientes, existentes, presentes y autorizados de esta tradición. Una iniciación "espontánea", en fin, resulta igualmente excluida, pues equivaldría a un nacimiento sin ayuda de quien facilitara la posibilidad o al desarrollo de una planta sin que primero haya semilla la cual, a su vez, procede de otras plantas nacida la una de la otra.

Tal es, en síntesis, el esquema guenoniano de la "regularidad iniciática". Veamos ahora lo que se puede pensar a este respecto.

Critica del esquema guenoniano

Contra el esquema en sí no habría gran cosa que objetar, salvo que la situación existente para la mayor parte de aquellos a los que se dirigen los escritos de Guenon, no pasa de ser un esquema abstracto. Podemos conceder a este esquema nuestro asentimiento, pero luego si se desciende a la pregunta de cómo pasar a la práctica para recibir la iniciación, no se percibirán en la obra de Guenon muchas luces: todo lo contrario. En efecto, Guenon pretende que no aspira a nada más que la clarificación del concepto de iniciación; en cuanto a ocuparse del problema iniciático en sí, es decir, saber a quien hay que dirigirse para recibir indicaciones concretas, es algo que no le concierne -según afirma- de ninguna manera y que no puede, por nada del mundo, entrar en sus atribuciones. Así el individuo que oye hablar a Guenon constantemente de "organizaciones iniciáticas", como si existieran en todas las esquinas, se encuentra frente a un auténtico callejón sin salida, en el caso en que el esquema de la "regularidad iniciática" fuera considerado verdaderamente absoluto y exclusivo. Pensamos naturalmente en el hombre occidental. En Oriente -desde los países islámicos hasta el Japón- pueden aun existir ciertos centros que conserven suficientemente las características indicadas por Guenon. Pero no puede hacerse gran caso de esto; incluso aunque alguien decidiese desplazarse a estos lugares para recibir una iniciación regular auténtica. En efecto, haría falta tener la suerte de entrar en relación con centros de una pureza, por así decirlo, absolutamente supratradicional, pues, en caso diferente, se trataría de iniciaciones, cuya jurisdicción (como reconoce el propio Guenon) es el medio ambiente de una religión positiva dada, que no es la nuestra. Aquí, no se trataría de "convertirse" o no; existe un conjunto de factores físicos y sutiles, raciales y atávicos, de formas específicas de culto y divinidad, hasta llegar al factor representado por la mentalidad y por la misma lengua, que entran en consideración. Se trataría de trasplantarse a un medio físico y espiritual completamente diverso: lo que no es accesible para la mayoría y no puede ser realizado mediante un simple viaje.

Si uno se orienta por el contrario hacia la tradición que terminó por prevalecer en Occidente, nada podría alcanzarse, pues el cristianismo es una tradición mutilada de la parte superior, esotérica e iniciática. En el interior del cristianismo tradicional -es decir, del catolicismo- no existe ya una jerarquía iniciática: aquí, las perspectivas se limitan a desarrollos místicos mediante la iniciativa individual, y sobre una base carismática.

Esporádicamente, algún místico sabe ir más allá y, de forma puramente individual, logra elevarse hasta el plano metafísico. Podemos y debemos hacer abstracción de algunas raras alusiones de los primeros siglos de nuestra era, o de las que se ha creído encontrar en la iglesia greco-ortodoxa, y a la caza de las cuales han partido ciertos guenonianos.

Si tras haber reconocido todo esto, se quiere buscar más, lo que dice Guenon no es particularmente consolador. En efecto, reconoce que en nuestros días, en el mundo occidental, no existen en absoluto organizaciones iniciáticas. Las que hubieron, hoy han caído en un estado de completa degeneración transformándose en "vestigios incomprendidos, incluso por los mismos que las dirigen". Más aún: lo que añade, a título de precisiones, no hace sino acrecentar la perplejidad y el que sean visibles, además, los peligros que derivan del hecho de asumir incondicionalmente el esquema abstracto de la "regularidad iniciática". Aquí no podemos más que expresar nuestro desacuerdo preciso sobre dos puntos. El primero es que, incluso a través de organizaciones degradadas, sería posible obtener algo parecido a una verdadera iniciación. Para nosotros, la continuidad de las "influencias espirituales" es, de hecho, ilusoria, cuando no existen representantes dignos y conscientes de una cadena dada y cuando la transmisión se ha convertido casi en mecánica.

Es un hecho que existe la posibilidad, en este caso, de que las influencias verdaderamente espirituales "se retiren", razón por la cual lo que queda y es transmitido no es nada más que algo degradado, un simple "psiquismo", incluso abierto a fuerzas oscuras, de tal manera que la adhesión a la organización correspondiente, para quien aspira verdaderamente a lo alto, se vuelva a menudo una desventaja y un peligro, antes que un socorro. René Guenon no parece pensar lo mismo: cree que si la continuidad exteriormente ritual se ha mantenido, es siempre posible obtener lo que llama "iniciación virtual".

Más grave es nuestro desacuerdo cuando Guenon dice que el resultado de las investigaciones por él conducidas en una época ya lejana, le llevó a la "conclusión formal e indudable" de que fuera del caso de supervivencia de algún grupo de hermetistas cristianos procedente de la Edad Media, entre todas las organizaciones con pretensiones iniciáticas que existen hoy en Occidente, no hay nada más que dos que puedan reivindicar, aunque de forma muy decaída, un origen tradicional auténtico y una real transmisión iniciática: el Compañerismo y la Masonería. Todo lo demás no sería más que charlatanería y vacuidad, cuando no serviría para disimular algo peor. Así se expresa Guenon. Pero, aquí nosotros introduciremos consideraciones particulares, sosteniendo que existen indicios suficientes a propósito de personas que, incluso en Occidente, están o han estado en posesión de conocimientos iniciáticos efectivos, sin haberse afiliado, ni al Compañerismo, ni a la Masonería.

Dejando pues de lado este hecho, diremos, a propósito del Compañerismo que se trata de una organización iniciática residual, de origen corporativo y alcance muy restringido, cuyo nombre fuera de Francia es casi completamente ignorado. Para pronunciarnos a este respecto, no poseemos datos suficientes y no creemos que la cosa valga la pena. Pero, en cuanto a la masonería, las cosas se presentan de forma diversa. René Guenon puede haber contemplado quizás algún núcleo superviviente de la antigua masonería "operativa", privada de relaciones con lo que la masonería es hoy concretamente. En cuando a esta última, no tiene -al menos, por lo que respecta a las cuatro quintas partes- absolutamente nada de iniciático, siendo un sistema fantasioso de grados, construido sobre la base de un sincretismo inorgánico, hasta el punto de que representa más precisamente lo que Guenon llama "seudoiniciación".

Más allá de este artificioso edificio, lo que puede encontrarse, dotado de un carácter "no humano" en la masonería moderna, posee a lo más un carácter muy sospechoso; diversas circunstancias vuelven legítimo el que pueda suponerse a este propósito, que se trata propiamente de una organización cuyo elemento verdaderamente espiritual se ha "retirado" y en la cual el "psiquismo" ha servido frecuentemente como instrumento de fuerzas tenebrosas. Si se mantiene el principio de juzgar según los frutos, reconociendo la precisión de la "dirección de eficacia" de la masonería en el mundo moderno, su constante acción revolucionaria, su ideología, su lucha contra todas las formas positivas de autoridad de lo alto, y así sucesivamente, no puede sino alimentar dudas a propósito de la naturaleza del fondo oculto de la organización en cuestión, cuando no se reduce a una pura y simple imitación de la iniciación y de la jerarquía iniciática.

René Guenon no está en absoluto dispuesto a aceptar una interpretación de este género. Pero no es el punto decisivo sobre la cuestión. Aunque no intente "conducir o robar afiliados a cualquier organización", la responsabilidad que indirectamente toma con tales consideraciones, es enteramente suya, y por nuestra parte no podemos compartirla, ni siquiera en su parte más mínima[9]. Así pues, ante un balance como éste, el problema práctico, en los marcos de la "pura regularidad iniciática", se presenta bastante mal para el hombre occidental. Conviene ver que otras vías, legítimas y fundadas, pueden ser consideradas para dar cierta luz al problema.

Iniciación y vías de excepción

El mérito que es preciso reconocer a la concepción guenoniana es el realce que da a la dificultad de realización iniciática en las condiciones actuales y el hecho de colocar un límite contra ciertos planteamientos concernientes a la "iniciación individual" y a la "autoiniciación", presentados por algunos -

---

[9] Es igualmente discutible que la masonería sea una "forma iniciática puramente occidental", sería preciso ignorar toda la parte que comporta el elemento hebraico en su ritual y en sus leyendas.

Rudolf Steiner entre ellos- como la única vía que el hombre occidental debería seguir. Conviene no caer de un exceso a otro.

Es absolutamente cierto que en razón del proceso de involución al cual la humanidad está sujeta, algunas posibilidades de realización directa, presentes en los orígenes, si bien no están totalmente perdidas, se han convertido, al menos, en raras. Pero no se debe caer en posiciones equivalentes a la concepción cristiana, según la cual el hombre, irremediablemente tarado por el "pecado original", no podría nada por sí mismo en el terreno propiamente sobrenatural; aquí la intervención inseparable de aquel que puede transmitir ritualmente las "influencias espirituales", base de todo, según Guenon, aparece como equivalente de la "gracia" y de los "sacramentos".

Otra consideración importante que conviene hacer es la siguiente. Guenon mismo, en otro libro, ha señalado que uno de los aspectos de la involución específica es una solidificación, sea como la que se provoca hoy en la realidad presente bajo las formas rígidas de una materialidad sin alma, sea -añadimos nosotros- como la que determina una cerrazón interior del individuo humano. Se debe estimar que en tales condiciones, el poder y, en consecuencia, la ayuda propia a las "influencias sutiles", en el dominio de los ritos, no solo iniciáticos, sino aun religiosos, es más que reducida e incluso nula en los casos dados. Sería preciso, en efecto, preguntarse finalmente, cual es la naturaleza de estas "influencias espirituales" y si aquel que, en calidad de "iniciado virtual", las posee, no se encuentra así protegido frente a todo tipo de errores doctrinales y desviaciones. En verdad conocemos muchos casos de personas -y no solo occidentales- cuya situación es verdaderamente conforme a la "regularidad iniciática" en el sentido guenoniano del término (y, en primer lugar, todos los masones), pero que dan muestra de tal incomprensión y de tal confusión a propósito de todo lo que es verdaderamente esotérico y espiritual, que aparecen muy por debajo de personas que no han recibido este don, pero que están dotadas de una justa intuición y de un espíritu suficientemente abierto. Aquí también, no se puede eludir juzgar según el criterio "Los juzgaré según sus frutos", y no debemos hacernos ilusiones a propósito de las "influencias" espirituales en cuestión, en el estado actual de las cosas.

Dicho esto, en tanto que consideración general y decisiva, conviene tener presente en el espíritu lo que sigue: el hombre que ha nacido en la época actual es un hombre que ha aceptado lo que los teósofos llamarían un "karma colectivo": es el hombre que se ha asociado a una "raza" la cual "ha querido nacer por sí misma", librándose también de los lazos que no servían más que para sostenerla y guiarla y al que se ha dejado hacer; siguiendo esta ruta no ha ido mas que al encuentro con su propia ruina, he aquí lo que es conocido por todos los que saben comprender el rostro de la civilización moderna. Pero el hecho sigue siendo el mismo: hoy, en Occidente, nos encontramos en un medio en el que las fuerzas espirituales se han retirado y en el seno del cual el individuo no puede contar mucho con ellas, a menos que, gracias a un feliz concurso de circunstancias, no sepa, a en cierta medida, abrirse él mismo una vía. En esto, no hay nada que cambie.

Encontrándose pues en una situación que, por sí misma constituye una anomalía, prácticamente también en el dominio de la iniciación, conviene considerar menos las vías regulares que las que tienen un carácter de excepción. Lo cual admite en cierta medida el mismo Guenon. Los centros espirituales -dice- aunque con modalidades extremadamente difíciles de definir, pueden intervenir más allá de las formas de la transmisión regular, sea en favor de individuos particularmente cualificados, que se encuentran aislados en un medio donde el obscurecimiento ha llegado a tal punto que no subsiste casi nada de tradicional y la iniciación no puede ser obtenida, en vistas de un fin general o excepcional, como renovar una cadena iniciática accidentalmente interrumpida. Existen pues posibilidades no normales de "contactos" directos. Pero René Guenon añade que es esencial retener que, incluso si un individuo aparentemente aislado alcanza una iniciación real, esta iniciación no será espontánea más que en apariencia, por que de hecho indicará siempre un enlace, por cualquier medio, con una cadena efectivamente existente: un enlace "sobre la vertical", es decir, como una participación interior en los principios y en los estados supra-individuales de los cuales toda organización particular de hombres no es más que una manifestación sensible y, en cierta manera, apenas una exteriorización contingente[10]. Por ello, en los casos en cuestión, se puede siempre formular la pregunta: ¿es verdaderamente la intervención de un centro lo que ha determinado la iniciación o, por el contrario, es la iniciativa activa del individuo de querer avanzar hasta cierto punto, lo que ha provocado esta intervención?

A este respecto, puede hablarse de una cualificación que no entra enteramente entre las que Guenon ha indicado, una cualificación activa, creada a través de una disciplina especial, por una especial preparación individual que vuelve apto, no solo al ser elegido, sino en ciertos casos, también a imponer la elección y la iniciación. El símbolo de Jacob luchando contra el ángel, hasta el punto de obligar a bendecirle, como tantos otros, hasta el de Parsifal (en Wolfram von Eschembach) que abre la ruta hasta el Grial "con las armas en la mano", algo "jamás visto hasta entonces", corresponden a tal posibilidad. Es lamentable que en los libros de René Guenon, no se encuentre nada a propósito de lo que puede ser una disciplina activa de preparación, la cual, en ciertos casos, es susceptible de conducir, incluso sin solución de

---

[10] Por lo demás, a propósito de la Rosa Cruz, Guenon habla de la colectividad de los que han alcanzado un estado determinado, superior al de la humanidad común y han obtenido el mismo grado iniciático. En rigor no se debería hablar de "sociedades", sino ni tan siquiera de "organizaciones". En otra ocasión, Guenon ha recordado que las jerarquías iniciáticas no son nada más que los grados del ser. Todo esto puede ser entendido en un sentido espiritual y metafísico y no personalizado u organizado.

continuidad, a la iluminación[11]: de la misma forma René Guenon no indica nada, en cuanto a disciplinas concretas respecto a la obra de actualización, que convierte al "iniciado virtual" en un verdadero iniciado y, finalmente, en un Adepto. Tal como ya hemos dicho, el dominio de René Guenon es el de la simple doctrina, mientras que el que nos interesa es el terreno de la práctica.

Pero en este terreno, igualmente, René Guenon, en alguna ocasión, ha escrito algo que puede crear desorientación. Refiere una enseñanza islámica, según la cual aquel que se presenta ante una "puerta" sin alcanzarla por la vía normal y legítima, ve entreabrirse esta puerta ante él y luego se encuentra obligado a continuar el camino, pero no como un simple profano -lo que a partir de haber entrado sería imposible- sino como un sahar (brujo o mago en un sentido inferior). Es preciso realizar ciertas reservas ante este planteamiento; ante todo, si aquel que ha logrado aproximarse ante esta "puerta" a través de una vía no normal, tiene intenciones rectas y puras, esta intención será ciertamente reconocida por quien tenga el derecho, de suerte que la puerta se abrirá según el principio: "Golpead y os será abierto". Pero si la puerta no debía abrirse, esto -siempre en el caso de que se trata- indicaría únicamente que el aspirante a la iniciación, situado frente a la prueba, deberá abrir la puerta él mismo, recurriendo a la violencia, según el principio de que el umbral de los Cielos puede ser violentado; pues, de manera general, es exacto lo que dice Éliphas Levi, a saber que el conocimiento iniciático, no se da, sino que se toma: lo que, por lo demás, constituye la esencia de esta cualidad activa que entre ciertos límites, René Guenon mismo reconoce[12]. Querer o no

---

[11] Tal es típicamente el caso de la ascesis budista de los orígenes. El budismo dispone igualmente de un término técnico para designar precisamente a los "que se han despertado a sí mismos".
[12] Sobre esta base, debe ser entendido el principio de la "incomunicabilidad". El verdadero conocimiento metafísico es siempre

querer, un cierto rasgo "prometeico" naturalmente pertenecerá siempre a la categoría más alta del iniciado.

René Guenon tiene razón en no tomarse en serio la "iniciación astral" y denunciar a este propósito lo que piensan en sus divagaciones ciertos medios "ocultistas"[13]. Aquí también hay que ver muchos puntos de vista que no son sino una distorsión. A parte del hecho que, en cualquier caso, la verdadera iniciación se realiza en una condición que no es la de la conciencia ordinaria despierta, es posible elevarse activamente hasta estados donde son favorecidos los contactos esenciales para el desarrollo supra-individual. En el esoterismo islámico, por ejemplo, se habla de la posibilidad de alcanzar el shath, estado interior especial que, entre otros, da eventualmente la aptitud de unirse con el Khir, ser enigmático en quien reside el principio de una iniciación directa, es decir, sin la mediación de una tariqa (organización) ni de una sîlsila (cadena)[14]. Aunque concebida como excepcional, esta posibilidad se admite. Aquí, lo esencial es la nyyah, es decir, la

---

un "acto" y lo que posee una cualidad de "acto" no puede proceder de otra parte; según la expresión griega, se puede solo alcanzarlo.

[13] Se puede recordar la parte muy importante que la iniciación recibida durante el sueño conoce entre las poblaciones salvajes. Sobre este aspecto ver, por ejemplo, Mircea Elíade, "*El Chamanismo y las técnicas del éxtasis*".

[14] Sobre este punto un texto de Abdul Hadi (publicado en agosto de 1946 en Etudes Traditionelles) habla de dos cadenas de las que una sola es histórica y la iniciación es dada por un maestro (sheik) viviente, autorizado, poseedor de la llave del misterio: es el et-talimurrijal, apoyándose sobre hombres, distinto del et-talimur-rabbani, para el cual no se trata de un maestro vivo en tanto que hombre, sino de un maestro "ausente", desconocido, o incluso "muerto" desde hace numerosos siglos. A esta segunda vía, se refiere la noción del Khidr (pronunciar Ridr, NdT) a través del cual se puede recibir la iniciación por vía directa. Tal posibilidad posee una importancia muy particular en el ismaelismo. En los Rusa Cruz, la figura misteriosa de "Elías Artista" era, en cierto sentido, equivalente al Khidr.

intención justa, que es preciso no entender en un sentido abstracto y subjetivo, sino como una dirección mágica de eficacia.

Veamos también otro punto. Como se ha visto, René Guenon excluye el enlace "ideal" con una tradición, por que "solo puede unirse con aquello que tiene una existencia actual", es decir, con una cadena de la que existan aún hoy representantes vivientes según una filiación regular: sin lo cual la iniciación sería imposible e inexistente. Aquí también se manifiesta una curiosa confusión entre el elemento esencial y el elemento contingente y organizador. ¿Qué significa, en suma, "existencia actual"? Todos los esoteristas saben que cuando un principio metafísico cesa de tener una manifestación sensible en un medio dado o en un período concreto, no por ello pasa a ser menos "actual", sino que sigue existiendo en otro plano (cosa que el mismo Guenon reconoce más o menos implícitamente). Si por enlace "ideal", se entiende una simple aspiración mental, se puede compartir al opinión de Guenon; de otra manera las cosas se plantean, respecto a las posibilidades de una evocación efectiva y directa, sobre la base del principio mágico de las correspondencias analógicas y sintónicas. En suma, René Guenon admite -con precisión- que las "influencias espirituales" tienen sus propias leyes. ¿No equivale esto, en el fondo, a admitir en principio, la posibilidad de una acción determinante sobre ellas? Lo que puede ser concebido en una situación colectiva, una cadena física pudiendo crearse y estar dispuesta para que sirva como un cuerpo que, sobre la base de una "sintonía" y, precisamente, de una correspondencia "simpática", atraiga una influencia espiritual en los términos del "descenso" de un plano, donde las condiciones de tiempo y de espacio no tienen un valor absoluto. La cosa puede conseguirse o no, pero no hay que excluirla, ni confundirla con la simple e inconsistente "ligazón ideal".

En fin, René Guenon niega que una iniciación pueda realizarse sobre la base de lo que ha sucedido ya en existencias precedentes. Ya que nosotros admitimos tan poco como Guenon la teoría de la reencarnación, si se refiere a ella, estamos de acuerdo con él. Pero no por esto debe excluirse la que se podría llamar una "herencia trascendental" especial en individuos dados, capaz de conferirles una "dignidad" particular, en cuanto a la posibilidad de recorrer y alcanzar, por vía directa, el despertar iniciático. Esto ha sido reconocido explícitamente por el budismo. La imagen guenoniana de una planta o de un ser vivo, que no puede nacer cuando no existe semilla (que sería el "inicio", determinado desde el exterior por la iniciación ritual), no es válido más que dentro de ciertos limites. Volviéndola absoluta, se terminará por contradecir la visión metafísica fundamental de la no-dualidad y, sobre todo, referir uniformemente todos los seres a un mínimo común denominador. Ya que pueden llevar en sí mismo la "semilla" del despertar.

Condiciones actuales para la iniciación

Ya hemos indicado los elementos esenciales que hacer valer frente al esquema unilateral de la "regularidad" iniciática. En cierta forma, nos arriesgaríamos a descualificarnos a nosotros mismos, si no reconociéramos en este esquema el valor que se le debe. Pero no es necesario exagerar y perder de vista las condiciones especiales, digamos incluso anormales, donde se encuentran en Occidente incluso los que tienen las mejores intenciones y cualificaciones. ¿Quién no se adheriría si encontrara organizaciones iniciáticas, tal como René Guenon las concibe, incluso con aspectos que hacen casi pensar en un sistema burocrático de "legalidad" formal? ¿Quién no las buscaría, pidiendo simplemente ser juzgado y "puesto a prueba"? Pero este no es el caso y quien lee a Guenon se encuentra un poco en la situación de aquel que oyera decir que sería hermoso poseer a una fascinante joven, pero que, al preguntar donde está no obtendría por respuesta más que el silencio o también "este no es nuestro problema". En lo que se refiere a las indicaciones dadas directamente por Guenon sobre lo que subsistiría en

Occidente de organizaciones iniciáticas regulares, hemos ya expuesto las reservas precisas que se imponen.

Queda solo la cuestión que, a decir verdad, habríamos debido exponer desde el principio, diciendo que la idea misma de la iniciación ritual, tal como la expone René Guenon, nos parece algo muy debilitado. En efecto, una transmisión de "influencias espirituales" mal individualizadas, transmisión que podría incluso no percibirse, unificando una simple "iniciativa virtual", la cual, en sustancia, como hemos dicho, está expuesta a todos los errores y a todas las desviaciones, a lo más, como el último de los "profanos", una transmisión de este tipo, en definitiva, es muy poco. Por lo que sabemos y por lo que puede deducirse de las tradiciones precisas -entre ellas las de los misterios antiguos- la iniciación real es, por el contrario, asimilable a una especie de operación quirúrgica, cuya contrapartida es una experiencia vivida de forma particularmente intensa y dejando -como dice un texto: "la huella eterna de una fractura".

Encontrar a quien sea capaz de dar una iniciación en estos términos no es algo fácil ni depende en absoluto solo de la cualificación (en razón de lo ya indicado, conviene hoy, en Occidente, aportar diversas restricciones al principio "cuando el discípulo está dispuesto, el Maestro también lo está"). En este caso, se trata esencialmente de elementos, por así decir, "destacados" (en el sentido militar), los cuales, en la vida, pueden ser o no encontrados. No puede tenerse la ilusión de encontrar una "escuela" propiamente dicha provista de todo lo necesario para llegar a un desarrollo regular, con un sistema suficiente de "seguridades" y controles. Las "escuelas" que en Occidente presumen de ser tales por lo mismo que lo presumen con "iniciados" que, colocan su cualificación en tarjetas de visita o en las páginas amarillas, son vulgares mistificaciones y uno de los méritos de Guenon es haber ejercido una justa crítica destructiva.

En cuanto a los que, una vez asumido el karma de la civilización en el seno de la cual han querido nacer, siendo ciertamente de su vocación, quieren avanzar por sí mismos solos, esforzándose en alcanzar contactos directos sobre la "vertical" - es decir contactos metafísicos, en lugar de enlaces "horizontales" con organizaciones aparecidas en la historia que les facilitarían una ayuda- estos se comprometen a lo largo de una vía peligrosa, realidad que queremos subrayar explícitamente: pues todo sucede como si se aventurara en un país salvaje, sin tener un "plano de referencia", ni una tarjeta de presentación. Pero, en el fondo, si en el mundo profano se encuentra natural que una persona buen nacida ponga en juego su vida, cuando el fin vale la pena, no hay razón para pensar de otra manera respecto a quien, dadas las actuales circunstancias, no tiene otra opción que la conquista de la iniciación y la abolición del lazo humano. !Alá akbar! puede decirse con los árabes, es decir, Dios es grande, mientras que Platón ya había sentenciado: "Todas las cosas grandes son peligrosas".

Julius Evola

"DOCTRINA ARIA DE LUCHA Y VICTORIA"

Conferencia impartida en el Instituto "Kaiser Willhelm" de Roma, el 7 de Diciembre de 1940.

La "Decadencia de Occidente", según la concepción de una crítica reputada de la civilización de occidente, es claramente reconocible en dos características principales: en primer lugar, el desarrollo patológico de todo aquello que es Activismo; en segundo lugar, el desprecio hacia los valores del Conocimiento interior y de la Contemplación.

Esta crítica, no entiende por Conocimiento, racionalismo, intelectualismo u otros vacíos juegos de palabras; no entiende por Contemplación un alejamiento del mundo, una renuncia o un alejamiento monacal mal comprendido. Al contrario, Conocimiento interior y Contemplación representan las formas de participación normales y más apropiadas del hombre a la Realidad sobrenatural, supra-humana y supra-racional. A pesar de esta aclaración, en la base de la concepción indicada existe una premisa inaceptable para nosotros. Ya que, tácitamente y de hecho, es admitido que toda acción en el dominio material es limitativa y que el más alto dominio espiritual sólo es accesible por otras vías que no sean las de la acción.

En esta idea se reconoce claramente la influencia de una concepción de la vida básicamente extranjera al espíritu de la raza aria; pero que, sin embargo, está tan profundamente unida ya al pensamiento del Occidente cristiano, que se la encuentra igualmente en la concepción imperial dantesca. La oposición entre Acción y Contemplación era, por el contrario, desconocida por los antiguos arios.

Acción y Contemplación no estaban enfrentados como los dos términos de una oposición. Designaban únicamente sólo palabras distintas para la misma realización espiritual. Dicho de otro modo, se estimaba entre los antiguos arios que el hombre podía sobrepasar el condicionamiento individual no solamente por la Contemplación sino también por la Acción.

Si nos alejamos de esta idea primera, entonces el carácter de decadencia progresiva de la civilización occidental debe ser interpretado de diferente forma. La tradición de la acción es típica de las razas ario-occidentales. Pero esta tradición se desvía progresivamente. Así es en el Occidente actual, donde se ha llegado a conocer y honrar solamente una acción secularizada y materializada, privada de toda forma de contacto trascendente, una acción profanada que, fatalmente, debía degenerar en fiebre o en manía resolviéndose en el obrar por el obrar: o bien en un hacer que está ligado solamente a efectos condicionados por el tiempo. A una acción así degenerada no responden, en el mundo moderno, valores ascéticos y auténticamente contemplativos sino únicamente una cultura brumosa y una fe pálida y convencional. Tal es nuestro punto de vista sobre la situación.

Si la "vuelta a los orígenes" es el concepto base de todo movimiento actual de renovación, entonces debe valer como tarea indispensable, de vuelta consciente, el comprender la concepción aria primordial de la Acción. Esta concepción aria debe tener un efecto transformador y evocar en el Hombre Nuevo, de Buena Raza, unas fuerzas vitales dormidas.

Hoy y aquí, queremos atrevernos a hacer un breve "excursus" precisamente justo en el universo del pensamiento del mundo ario primordial, con el objetivo de sacar, de nuevo, a la luz algunos elementos fundamentales de nuestra tradición común, poniendo una atención especial en los significados arios de guerra, de lucha, y de la victoria.

Naturalmente, para el antiguo guerrero ario la guerra, como tal, respondía a una lucha eterna entre fuerzas metafísicas. De un lado está el principio olímpico de la luz, la realidad solar y uraniana; de otro, la violencia brutal del elemento "titánico-telúrico", bárbaro en el sentido clásico, "femenino-demoníaco". Este tema de aquella lucha metafísica aparecería de mil formas, en todas las tradiciones de origen ario. Así, toda lucha a nivel material era tomada con una consciencia más o menos grande, como un episodio de esta antítesis. Ya que la arianidad se consideraba como milicia del principio olímpico, es necesario hoy, por tanto, devolver esta vía de los antiguos arios; e, igualmente, conceder la legitimidad o la consagración suprema del derecho al poder y de la concepción imperial misma, ahí donde, en el fondo, parece bien evidente su carácter anti-secular.

En la imaginación de este mundo tradicional toda realidad se transformaba en símbolo... Esto también vale para la guerra desde el punto de vista subjetivo e interior. Así, podrían ser fundidas en una sola entidad: guerra y camino hacia lo divino.

Los significativos testimonios que nos ofrecen las varias tradiciones nórdico-germánicas son, para todos, bien conocidos. De todos modos, debemos decir que estas tradiciones y tal como nos han llegado, se ven fragmentadas y mezcladas; muy a menudo ya representan la materialización de las mas altas tradiciones arias primordiales, caídas a nivel de supersticiones populares. Esto no nos impide fijar algunos puntos.

Ante todo, como todos sabemos, el «Walhalla» es la capital de la inmortalidad celeste, y principalmente reservado a héroes caídos en el campo de batalla. El señor de estos lugares, ODIN-WOTAN, es representado en la saga «Ynglinga» como aquel que por su sacrificio simbólico al árbol cósmico «Ygdrasil» ha indicado el camino a los guerreros, camino que conduce a una residencia divina, donde siempre florece la vida inmortal. Conforme a esta tradición, de hecho ningún sacrificio o culto es más agradable al dios supremo, ningún otro esfuerzo obtiene más ricos frutos supra-terrestres, que aquel que han ofrecido los que han muerto combatiendo en el campo de batalla. Pero hay mucho más; tras la oscura representación del «Wildes Herr»[15] se esconde también, el siguiente fundamental significado: a través de los guerreros que, cayendo, ofrecen un sacrificio a ODIN, se forman aquellas tropas que el dios necesitará para la última definitiva batalla del «Ragna-rökk»; es decir, contra ese fatal "oscurecimiento de lo divino" que ya desde los tiempos antiguos planea, amenazante sobre el mundo.

Hasta aquí, por consiguiente, el genuino motivo ario de la fuerte lucha metafísica es claramente expuesto a la luz. En los «Edda» quedaría igualmente dicho: "Por muy grande que pueda ser el numero de los héroes reunidos en el «Walhalla» nunca será lo suficientemente grande, cuando el lobo irrumpa[16]". El lobo es aquí, la imagen de esas fuerzas oscuras y salvajes que el mundo de los «Ases» ha logrado someter.

La concepción ario-iraniana de MITHRA, "el guerrero sin sueño" es de hecho análoga. El que a la cabeza de los «Fravashi» y de sus fieles, libra batalla contra los enemigos del dios ario de la luz. Hablaremos, inmediatamente después, de los «Fravashi» y examinaremos su estrecha correlación con las «Walkyrias» de la tradición nórdica. Por otra parte intentaremos clasificar también el significado de la "Guerra Santa" a través de otros testimonios concordantes. No hay que sorprenderse si hacemos, en este

---

[15] «Wildes Herr»: Grupo salvaje, horda tempestuosa
[16] Gylfaginning

contexto, ante todo, referencia a la tradición islámica. La tradición islámica tiene aquí el lugar de la tradición ario-iraniana. La idea de la "guerra santa" -y al menos, en lo que concierne a los elementos aquí examinados- llegará a las tribus árabes por el universo del pensamiento iranio: tiene por tanto, al mismo tiempo, el sentido de un tardío renacimiento de una herencia aria primordial y desde este punto de vista puede ser utilizada sin ninguna duda.

Está admitido que se distingue en esa tradición en cuestión, dos "guerras santas"; es decir la "grande" y la "pequeña" Guerra Santa". Esta distinción se funda en unas palabras del Profeta que afirma a la vuelta de una incursión guerrera "Hemos vuelto de la pequeña guerra a la gran guerra santa". En este contexto, la gran guerra santa pertenece a niveles espirituales. La pequeña guerra santa es por el contrario la lucha psíquica, material, la guerra conducida en el mundo exterior. La gran guerra santa es la lucha del hombre con sus propios enemigos, los que lleva en si mismo. Más exactamente, es la lucha del elemento sobrenatural del propio hombre contra todo lo que resulta instintivo, ligado a la pasión, caótico, sujeto a las fuerzas de la naturaleza. Tal es la idea, también, que aparece recogida en el «Bhagavad-Gitâ», ese antiguo gran tratado de la sabiduría guerrera aria: "Conociendo aquello que está sobre el pensamiento, afírmate en tu fuerza interior y golpea, guerrero de los largos brazos, a ese temible enemigo que es el deseo"[17]. Una condición dispensable para la obra interior de liberación es que este enemigo debe quedar aniquilado de forma definitiva.

En el cuadro de la tradición heroica, aquella pequeña guerra santa -es decir, una guerra como lucha exterior-, sirve solamente de medio por el cual se realiza justamente esa gran guerra santa.

---

[17] *Bhagavad-Gitâ* III,43 (Trad. de Emile Senart, París 1967)

Y por esta razón, en los textos, "guerra santa" y "camino de vía a Dios" son a menudo sinónimos. Así leemos en el Corán: "Combaten en el Camino de Dios" -es decir, en la Guerra Santa- aquellos que sacrifican esta vida terrestre a la vida futura; pues a aquel que combate y muere, sobre el camino de la Vía de Dios; o a aquel que consigue la victoria, le daremos una gran recompensa"[18]. Y, más adelante: "A aquellos que caen sobre el camino de la Vía de Dios, El nunca dejará que se pierdan sus obras; les guiará y dará mucha paz a sus corazones; y les hará entrar en el Paraíso, que El les revelará"[19]. Se hace alusión aquí a la muerte física en guerra, a la «mors triunphalis» (muerte victoriosa); y que, se encuentra en correspondencia perfecta para todas las tradiciones clásicas. La misma doctrina puede de todas formas ser también interpretada en un sentido simbólico... Aquel que en la "pequeña guerra" vive una "gran guerra santa" crea en si una fuerza que le prepara para superar la crisis de la muerte. Pero, igualmente sin haber muerto físicamente, puede, mediante la ascesis de la Acción y la Lucha, experimentar la muerte; puede haber vencido interiormente y haber logrado un "más que vida". Entendiendo esotéricamente, "Paraíso", "Reino de los cielos" y expresiones análogas no son nada más que unos símbolos y unas figuraciones forjadas por el pueblo, de unos transcendentes estados de iluminación, ya en un plano más elevado que la vida o la muerte. Estas consideraciones deben valer también, como premisa para reencontrar los mismos significados bajo el aspecto externo del Cristianismo; que la tradición heroica nórdico-occidental se vio apremiada a adoptar durante las Cruzadas, para poder manifestarse al exterior. Mucho más de lo que, hoy y en general, la gente está inclinada a creer, en las cruzadas medievales para la "liberación del Templo" y realizar la "conquista de la Tierra Santa", existen evidentes puntos de contacto con la tradición nórdico-aria, donde se hace referencia a la mítica «Asgard», la lejana tierra de los Ases y de los Héroes, donde la

---

[18] Corán VI, 76
[19] Corán XLVII

muerte no tiene prisa y donde los habitantes gozan de una vida inmortal y una paz sobrenatural. La guerra santa aparece como una guerra totalmente espiritual hasta el punto de poder llegar a ser comparada, por los predicadores, literalmente, a una "purificación, como el fuego del purgatorio antes de la muerte". "Que mayor gloria que no salir del combate, sino cubierto de laureles. Que gloria mayor que ganar, sobre el campo de batalla, una corona inmortal". afirma a los Templarios un BERNARDO DE CLAIRVAUX[20]. La "Gloria Absoluta", aquella que atribuyen los teólogos a Dios, en lo más alto del cielo (con su «in Excelsis Deo»), es también encargada como propia al cruzado. Sobre este telón de fondo se situaba la «Jerusalén Santa», bajo ese doble aspecto: como ciudad terrestre y como ciudad celeste, y la Cruzada como una gran elevación que conduce realmente a la inmortalidad.

Los actos de los militares de las cruzadas, altos y bajos, produjeron inicialmente sorpresas, confusión, y hasta crisis de fe, pero tuvieron después como único efecto purificar la idea de la «Guerra Santa» de todo residuo de materialismo. Sin dudarlo, el fin desafortunado de una Cruzada es comparado a la Virtud que es perseguida por el Infortunio; y en el cual el valor puede ser juzgado y recompensado solamente en relación a una vía, en forma no terrestre. Así se concentraría -mucho más allá de la victoria o de la derrota-, el juicio de valor sobre el aspecto espiritual y genuino de la Acción. Así la «Guerra Santa» vale por si misma, independientemente de su resultado material visible, como medio para alcanzar por el sacrificio activo del elemento humano, una realización supra-humana.

Y justo, esa misma enseñanza, elevada al nivel de expresión metafísica, reaparecerá en un texto indo-ario citado y conocido, el «Bhagavad-Gitâ». La compasión y los sentimientos humanitarios que impiden al guerrero ARJUNA batirse en liza

---

[20] «De laude novae militiae»

contra el enemigo, son juzgados por dios "turbios, indignos de un «ârya» (...), que no conducen ni al cielo ni al honor"[21]. El mandato le dice así "Si muerto, tu irás al cielo; si vencedor, gobernarás la tierra. Alzate, hijo de Kuntî, dispuesto a combatir"[22]. La disposición interior que puede transmutar la pequeña guerra santa en la gran guerra santa, ya indicada, queda aquí, claramente descrita de la forma siguiente: "...Trayéndome toda acción, el espíritu plegado sobre si mismo, es libre de esperanza y de visiones interesadas, combate sin escrúpulos"[23]. En expresiones tan claras se afirma la pureza de la acción: debe ser deseada, por si misma, más allá de toda pasión y de todo impulso humano: "Considera que están en juego el sufrimiento, la riqueza o la miseria, la victoria o la derrota. Prepárate, por tanto, para el combate; y de esta forma evitarás el pecado"[24].

Como fundamento metafísico suplementario, el dios aclara la diferencia entre aquello que es espiritualidad absoluta -y, como tal, será indestructible- y lo que solamente tiene como elemento lo corporal y humano, en una existencia ilusoria. De un lado, el carácter de irrealidad metafísica de aquello que se puede perder como cuerpo y vida mortales que pasan, o bien es revelada en los que la pérdida puede ser un condicionante. De otro, Arjûna queda conducido, en aquella experiencia de una fuerza de manifestación de lo divino, a una potencia de irresistible transcendencia. Así frente a la grandeza de esta fuerza, toda forma condicionada de existencia aparecía como una negación. Allí donde está negación es activamente negada, es decir, allí donde, en el asalto, toda forma condicionada de existencia es invertida o destruida, esta fuerza llega a tener una manifestación terrorífica.

---

[21] *Bhagavad-Gitâ* II, 2
[22] II, 37
[23] III, 30
[24] II, 38

Sólo sobre esta base, exactamente, se puede captar energía adecuada para producir la transformación heroica del individuo. En la medida en que el guerrero obra en la pureza y el carácter de lo absoluto, aquí indicados, rompe las cadenas de lo humano, evoca lo divino como una fuerza metafísica, atrae sobre sí esta fuerza activa y encuentra en ella su ilusión y su liberación. La palabra crucial corresponde a otro texto -perteneciente también a la misma tradición- dice: "La vida es como un arco; el alma es como una flecha; el espíritu absoluto como la diana a traspasar. Uníos a este gran espíritu, como la flecha lanzada se fija en la diana"[25]. Si sabemos ver aquí la más alta forma de realización espiritual por la lucha y el heroísmo, es entonces verdaderamente significativo que esta enseñanza sea presentada, en el «Bhagavad-Gîtâ» como continuación de una herencia primordial ario-solar. De hecho, le fue dada por el "Sol" al primer legislador de los arios, MANU; y fue guardada seguidamente, por una gran dinastía de reyes consagrados. En el curso de los siglos, esta enseñanza se perdió y, sin embargo fue de nuevo revelada por la divinidad, no a un devoto sacerdote, sino a un representante de la nobleza guerrera: Arjûna. Lo que hemos tratado hasta aquí permite también comprender los significados más interiores que se encuentran en la base de un conjunto de tradiciones clásicas y nórdicas. Así, como punto de referencia, habrá que reseñar aquí que, en estas tradiciones antiguas algunas imágenes simbólicas precisas aparecían con una frecuencia singular: estas son, primero la imagen del alma como demonio, doble y genio; y enseguida la imagen de las presencias dionisiacas y de la diosa de la muerte y la imagen de una diosa de la victoria; que aparecía a menudo bajo la forma de diosa de la batalla.

Para la exacta comprensión de todas estas relaciones será muy oportuno clasificar la significación que tiene el alma; que, es aquí entendida como demonio, genio o doble. El hombre antiguo simboliza en el demonio o propio doble una fuerza yacente en

---

[25] *Mârkandeya-purâna*, XLII, 7, 8

las profundidades, que es, por decirlo así, "la vida de la vida", en la medida en que ella dirige en general todos los sucesos, tanto corporales como espirituales, a los que la consciencia normal no tiene acceso; pero que condicionan, sin embargo e indudablemente la existencia contingente y el destino del individuo.

Entre esas entidades y las fuerzas místicas de la Raza y de la Sangre existe una bien estrecha ligadura. Así por ejemplo, el Demonio aparece y bajo numerosos aspectos, parecido a los Dioses Lares, las entidades místicas de un linaje, o una generación; de los cuales MACROBE, por ejemplo, nos afirma: "Son dioses que nos mantienen vivos. Ellos alimentan nuestro cuerpo y guían nuestra alma". Así, se puede decir que entre el demonio y la consciencia normal existe una relación del mismo tipo que entre el principio individuante y el principio individuado. El primero, es según las enseñanzas de los antiguos como una fuerza supra-individual y por tanto superior al nacimiento y a la muerte. La segunda, es decir, el principio individuado, consciencia condicionada por el cuerpo y el mundo exterior, destinada normalmente a la disolución o esta supervivencia muy efímera propia del mundo de las sombras. En la tradición nórdica, la imagen de las «Walkyrias» tiene más o menos el mismo significado que el demonio. La imagen de una «Walkyria» se confunde, en muchos textos, con aquella de una «Fylgja»[26]; es decir, con una entidad espiritual activa en el hombre y a cuya fuerza su destino está sometido. Como «Kynfylgja», una «walkyria» es -de igual forma que lo son los dioses lares romanos- la fuerza mística de la sangre. Y lo mismo ocurre con las «Fravashi» de la tradición ario-iraniana. La «Fravashi» -explica un bien conocido orientalista- "es la fuerza íntima de cada ser humano, es la que le sostiene desde el momento que nace y subsiste". Al mismo modo que los dioses lares romanos, las «Fravashi», están en contacto, simultaneamente, con las fuerzas

---

[26] "Acompañante", literariamente

primordiales de una raza y son -como las «Walkyrias»-, diosas preponderantes de la guerra, que dan la fortuna y la victoria. Tal es la primera relación que debemos desvelar y descubrir ¿Qué es lo que esta fuerza tan misteriosa, que representa el alma profunda de la raza y lo trascendental en el interior del hombre, puede tener en común con las diosas de la guerra? Para comprender bien este punto habrá que recordar que los antiguos indo-germanos tenían una concepción de la propia inmortalidad, por así decirlo, aristocrática, diferenciada. No todos escaparían a la disolución, a esta supervivencia lemúrica de la que «Hades» y «Niflheim» eran antiguas imágenes simbólicas... La inmortalidad fue un privilegio de bien pocos; y, según la concepción aria, un privilegio heroico principalmente. El hecho de sobrevivir -no como sombra, sino como semidios-, está reservado solamente a aquellos a los que acciones espirituales han elevado de una a otra naturaleza. Aquí, no puedo por desgracia, suministrar las pruebas para justificar lo que doy como afirmación: técnicamente, estas acciones espirituales logran transformar el yo individual, el de la consciencia humana normal, en una fuerza profunda, supra-individual, la fuerza individuante, que está más allá del nacimiento y de la muerte y a la cual, como se dijo, corresponde el concepto de "demonio". Pero, sin embargo, el demonio está mucho más allá de todas las formas finitas en que se manifiesta, y esto no solamente ya porque representa la fuerza primordial de toda una raza, sino que también bajo el aspecto de la intensidad. El paso brusco de la consciencia ordinaria a esta fuerza, simbolizada por el demonio, suscitaba, por consiguiente, una crisis destructiva; parecida a un relámpago como fruto de una tensión de potencial demasiado alta en y para el circuito humano. Suponemos por ello, que en condiciones excepcionales, el demonio puede igualmente aparecer en el individuo y hacerle experimentar el tipo de una transcendencia destructiva; y así. en este caso, se produciría una especie de experiencia activa de la muerte, y la segunda relación aparecía por tanto muy claramente, es decir, porque la imagen de doble o demonio en los mitos de la antigüedad ha podido confundirse con la divinidad de la muerte. En la vieja tradición nórdica, el guerrero ve su propia walkyria en el mismo instante de la muerte o del peligro mortal. Vayamos más lejos. En la Ascesis religiosa, mortificación, renuncia al Yo, tensión en el desamparo de Dios, son los medios preferidos; a través de los que se busca, precisamente, provocar la crisis mencionada y superarla positivamente. Expresiones como "muerte mística" o bien "noche oscura del alma", etc., etc., que indican esta condición, son de todos conocidas. De forma opuesta, en el cuadro de una tradición heroica, el camino hacia el mismo fin está representado por la tensión activa, por la liberación dionisiaca del elemento Acción. Observamos por ejemplo, al nivel más bajo de la fenomenología correspondiente, la danza empleada como técnica sacra para evocar y suscitar a través del éxtasis del alma, fuerzas subyacentes en las profundidades. En la vida del individuo liberado por el ritmo dionisiaco se inserta otra vida casi como el florecimiento de su raíz basal. Las Erinias, Furias, "Horda salvaje", y otras varias entidades espirituales análogas representan esta fuerza en términos simbólicos. Todas corresponden por consiguiente a una manifestación del demonio en su transcendencia aterradora y activa. A un nivel más elevado se sitúan ya los sacros juegos guerreros y deportivos y aún todavía más alto se encuentra la misma guerra. Así retornamos de nuevo a la concepción aria primordial y la ascesis guerrera.

En la cumbre del peligro del combate heroico, se reconoce la posibilidad de esta experiencia supra-normal. Así la expresión latina "ludere", -jugar o desempeñar un papel, combatir-, parece contener la idea de resolución[27]. Esa es una de las numerosas alusiones a la propiedad comprendida en el combate, de desatarse de las limitaciones individuales; de hacer emerger fuerzas libres escondidas en la profundidad. De aquí deriva el fundamento de la tercera asimilación: los Demonios, los Dioses Lares, como el Yo individuante, son idénticas no solamente a las Furias, Erinias y a las otras naturalezas dionisiacas

---

[27] Bruckmann; Indogerm. Forschungen. XVIII, 433 Q.C.K.

desencadenadas, que, por su parte, tienen muchas características comunes con el deseo de muerte; tienen también igual significación, por su relación con las vírgenes que conducen héroes al asalto en la batalla, a las «Walkyrias» y las «Fravashi». Así, las «Fravashi» son descritas en los textos sagrados, por ejemplo, como "las aterradoras, las todopoderosas", "aquellas que escuchan y dan la victoria al que las invoca"; o, para decirlo ya más claramente, a aquel que las invoca en el interior de sí mismo. De ahí a la última similitud, hay poco camino. Las mismas entidades guerreras asumen por último el papel de Diosas de la Victoria; una metamorfosis que caracteriza justamente al feliz cumplimiento de las experiencias interiores en cuestión. Así es como el Demonio o el Doble tiene el sentido de un poder profundo y supra-individual, en estado latente por relación con la normal consciencia ordinaria. Así es como ellas, Furias y Erinias, nos reflejan una manifestación especial de desencadenamiento y de irrupción demoníaca -y las Diosas de la Muerte, «Walkyrias», «Fravashi», etc..., se relacionan con las mismas situaciones; en la medida en que son posibles a través de un combate heroico- de igual forma la Diosa de la Victoria es la expresión del triunfo del yo sobre este poder. Indica la tensión victoriosa respecto de una condición situada más allá del peligro, inserto en el éxtasis y en las formas de destrucción sub-personales, un peligro siempre emboscado detrás del momento frenético de la gran acción dionisiaca, y también, de la acción heroica. El impulso hacia un estado espiritual realmente supra-personal, que nos hace libres, inmortales, interiormente indestructibles, lo ilustra la frase "Convertir dos en uno" (los dos elementos de la esencia humana) que se sintetiza pues en esta representación de la consciencia mítica.

Pasemos ahora al significado dominante de estas tradiciones heroicas primordiales, es decir, a esta concepción mística de la victoria. Aquí la premisa fundamental es que una correspondencia eficaz entre física y metafísica, entre visible e invisible fue conocida allí donde los actos del espíritu manifiestan rasgos supra individuales y se expresan a través de operaciones y hechos reales. Una realización espiritual, sobre esta base, se presiente resulta como el alma secreta de algunas acciones, auténticamente guerreras, cuya máxima expresión reside en la victoria efectiva. Entonces todos los aspectos materiales de la victoria militar se convierten en expresión de una acción espiritual que ha suscitado la victoria, en el punto en que exterior e interior se tocan. La victoria aparecería como signo tangible para una consagración a un renacimiento místico acometido en el mismo dominio. Las Furias y la Muerte, que el guerrero había afrontado materialmente en el campo de batalla, se le oponen también, interiormente, más en el plano espiritual, bajo la forma de una irrupción amenazante de las fuerzas primordiales de su ser. En la medida en que triunfe sobre ellas, la victoria es suya.

En este contexto se explica también la razón por la que cada victoria toma especial significado sacro en el mundo ligado a la tradición. Y de esta forma el jefe del ejército, aclamado en los campos de batalla, ofrecía la experiencia y la presencia de esta fuerza mística que le transformaba a él. El sentido profundo del carácter supra-terrestre emergente de la gloria y de la heroica "divinidad" del vencedor se hace así más comprensible; y de ahí, el hecho de que la antigua tradición romana del triunfo tuviese rasgos más sacros que militares. El simbolismo recurrente en las tradiciones arias primordiales de Victorias, «Walkyrias» y otras entidades análogas que guían al "cielo" el alma del guerrero...; así como el mito del héroe victorioso como el HERACLES dorio que obtiene de NIKE "la Diosa de la Victoria", la corona que le hace partícipe de la inmortalidad olímpica. Este símbolo se manifiesta ahora bajo una luz muy diferente y en adelante resulta claro que es totalmente falso y superficial este modo ignorante de ver, que no querría distinguir en todo esto nada más que simples "poesía", retórica y fábula.

La teología mística actual enseña que en la Gloria se cumple la transfiguración espiritual santificante, y toda la iconografía cristiana rodea la cabeza de los santos y mártires de la aureola de la gloria. Todo nos indica que se trata de una herencia aunque muy debilitada de nuestras tradiciones heroicas más elevadas. La tradición ario-iraniana, ya conocía, de hecho, el fuego celeste entendido como gloria -«Hvareno»-, que desciende sobre los reyes y verdaderos jefes, los hace inmortales y les permite llevar así el testimonio de la victoria... La antigua corona real de rayos simbolizaba, exactamente, la gloria como fuego solar y celeste. Luz, esplendor solar, gloria, victoria, realeza divina, son esas imágenes que se encontraban en el seno del mundo ario, en la más estrecha relación; no como abstracciones o invenciones del hombre sino con el claro significado de fuerzas y dominios absolutamente reales. Y en este contexto, la Doctrina Mística de la Lucha y de Victoria representa para nosotros un vértice luminoso de nuestra común concepción de la acción en el sentido tradicional.

Esta concepción tradicional nos habla hoy; de forma todavía comprensible para nosotros -a condición naturalmente, de que nos desviemos de sus manifestaciones exteriores y condicionadas por el tiempo-. Entonces, al igual que en el presente, se quiere así superar esta espiritualidad cansina, anémica o basada en simples especulaciones abstractas o en mortecinos sentimientos piadosos, y a la vez que se sobrepasa también la degeneración materialista de la acción. ¿Se puede encontrar para esta tarea mejores puntos de referencia que los ideales mencionados del ario primordial?. Pero hay mucho más. Las tensiones materiales y espirituales son comprimidas hasta tal punto en el Occidente de estos últimos años que no pueden ser ya resueltos más que a través del combate. Con la guerra actual, una época va al encuentro de su propio fin; y surgen ahora fuerzas que no pueden ser dominadas y transformadas en la dinámica de una nueva civilización tan sólo por unas ideas abstractas, unas premisas universalistas o por medio de mitos ya conocidos irracionalmente. Ahora, una acción mucho más profunda y esencial se impone, para que mucho más allá de las ruinas de un mundo subvertido y condenado, una nueva época comience para Europa.

Sin embargo, en esta perspectiva mucho dependerá de como el individuo pueda dar forma a la experiencia del combate; es decir, si estará a la altura de asumir heroísmo y sacrificio como propia cartasis, como un medio de liberación del despertar interior. No solamente para la salida definitiva, y victoriosa de los sucesos de este período tempestuoso, sino aun también para dar una forma y un sentido al orden que surgirá de la victoria. Esta tarea de nuestros combatientes interior, invisible apartada de gestos y grandes palabras-, tendrá un carácter decisivo. Es en la batalla misma donde es necesario despertar y templar esta fuerza que, más allá de la tormenta de la sangre y de las privaciones favorecerá, con un nuevo esplendor y una paz todopoderosa, la nueva creación. Por esto, se debería aprender hoy sobre el campo de batalla, la acción pura, una acción no solamente en el sentido de ascesis viril sino también de gran purificación y de camino hacia formas superiores de vida, válidas en si mismas y por ellas mismas; eso que no obstante, tiene en cierta forma, el sentido de una vuelta a la tradición primordial del ario-occidental. Desde los tiempos antiguos resuenan todavía hasta nosotros las palabras: "la vida, como un arco; el alma, como una flecha; y el espíritu absoluto, como una diana a traspasar". Ya que aquel que, todavía hoy, vive la batalla en el sentido de esta identificación, este persistirá en pie allí donde los otros caerán; tendrá una fuerza invencible. Este hombre nuevo vencerá en sí, todo el drama y toda oscuridad, todo el caos y representará la llegada de los nuevos tiempos, el comienzo de un nuevo desarrollo... Este heroísmo de los mejores, según la tradición aria primordial, puede realmente, asumir una función evocadora; es decir, la función de restablecer de nuevo el contacto, adormecido desde hace muchos siglos, entre mundo y supra-mundo. Entonces el combate no se convertirá en una horrible gran carnicería, no tendrá el sentido de un destino desesperado, condicionado únicamente por el único deseo de ganar poder, sino que será la prueba del derecho y de la misión de un gran pueblo. Entonces la paz no significará un ahogo en la oscuridad burguesa cotidiana, ni el alejamiento de la tensión espiritual de la lucha en batalla, sino que tendrá, todo lo contrario, el sentido de un cumplimiento de ella.

Es también, y justo es por ella, que queremos hacer nuestra, de nuevo, la profesión de fe de los antiguos; tal como se expresa y muy bien, en las siguientes palabras: "La sangre de los héroes es más sagrada que la tinta de los sabios y las plegarias de los devotos". Que éso se encuentra justamente en la base profunda de la concepción tradicional, y según la cual, en la "guerra santa" operan mucho más fuertes que los individuos las místicas fuerzas primordiales de la raza. Estas fuerzas de los orígenes crean los imperios mundiales y dan al hombre la "Paz Victoriosa".

Julius Evola

ORIENTACIONES

1. LA ILUSION DEL PROGRESO

Es inútil hacerse ilusiones con las quimeras de un falso optimismo: nos encontramos al final de un ciclo. Desde hace ya siglos, primero imperceptiblemente, después con el movimiento de una masa que se desploma por una pendiente, son múltiples los procesos que han destruido en Occidente cualquier ordenamiento normal y legítimo de los hombres, que han falseado incluso la más alta concepción de la vida, de la acción, del conocimiento y del combate. Esta caída, su velocidad y su aspecto vertiginoso, ha sido llamado "progreso". Y a este "progreso" se han dedicado himnos y alabanzas, y se albergó la ilusión de que esta civilización -civilización de materia y de máquinas- era la civilización por excelencia, a la que se habría estado preordenado toda la historia anterior del mundo: las consecuencias finales de este proceso fueron tales que provocaron, en algunos, un despertar.

Se sabe dónde, y bajo qué símbolos, se intentaron organizar las fuerzas de una posible resistencia. Por un lado, una nación que desde su unificación no había conocido más que el mediocre clima del liberalismo, de la democracia y de la monarquía constitucional -Italia- tuvo la osadía de recoger el símbolo de Roma como base para una nueva concepción política y para un nuevo ideal de virilidad y de dignidad. Por otro lado, en otra nación, que en el Medievo había hecho suyo el principio romano del Imperium -Alemania- fuerzas análogas se despertaron para reafirmar el principio de autoridad y la primacía de todos aquellos valores que tienen sus raíces en la sangre, en la raza y en los instintos más profundos de una estirpe. Y mientras que en otras naciones europeas algunos grupos se orientaron en el mismo sentido, una tercera fuerza se alineó en el mismo campo de combate en el continente asiático: la nación de los samurái, en la que la adopción de las formas externas de la civilización moderna no había lesionado la fidelidad a una tradición guerrera, centrada en el símbolo del Imperio solar de derecho divino.

En estas corrientes, la distinción entre lo esencial y lo accesorio, no siempre fué clara, ni las ideas tuvieron paralelamente una adecuada convicción y cualificación en personas, ni si quieran fueron superadas algunas influencias de aquellas mismas fuerzas a las que se debía combatir. El proceso de purificación ideológica habría podido tener lugar en un segundo tiempo, una vez que hubieran sido resueltos algunos problemas políticos inmediatos e inaplazables. Pero, incluso así, era evidente que estaba tomando cuerpo una concentración de fuerzas en abierto desafío frente a la llamada civilización "moderna", tanto para las democracias herederas de la revolución francesa como para la encarnación del límite extremo de la degradación del hombre occidental: la civilización colectivista del Cuarto Estado, la civilización proletaria del hombre-masa anónimo y sin rostro. Los acontecimientos se precipitaron, se acentuó la tensión hasta que llegó el choque armado de las fuerzas en pugna. Lo que prevaleció fue el poder bruto de una coalición que no retrocedió ante una híbrida alianza de intereses y la hipócrita movilización ideológica para aplastar a un mundo que estaba poniéndose en pie y que intentaba afirmar su derecho. Dejamos al margen el hecho de saber si nuestros hombres estuvieron o no a la altura de su empresa, si se cometieron errores en cuanto al sentido de la oportunidad, de la preparación, si valoraron... todo esto no afecta. Igualmente, no nos interesa que la historia se vengue de los vencedores, ni que, por una especie de justicia inmanente, las potencias democráticas, tras haberse aliado con las fuerzas de la subversión roja para llevar la guerra hasta el insensato extremo de la rendición incondicional y de la destrucción total, vean volverse contra ellas a sus aliados de ayer, peligro éste mucho más temible que el que querían conjurar [El autor se refiere al desenlace de la Segunda Guerra Mundial y al proceso de la guerra fría. NdT].

Lo único que cuenta es que hoy nos encontramos en medio de un mundo en ruinas. Y la pregunta que debe plantearse es la siguiente: ¿existen aún hombres en pie en medio de estas ruinas? ¿Y qué deben o pueden hacer aún?

2.- POLITICA Y METAPOLITICA

Tal cuestión supera de hecho las fronteras de ayer; está claro que vencedores y vencidos están desde entonces en el mismo plano y que el único resultado de la Segunda Guerra Mundial ha consistido en rebajar a Europa al rango de objeto de las potencias y de los intereses extra-europeos. Es necesario, por otra parte, reconocer que la devastación que nos rodea es de carácter esencialmente moral. Nos encontramos en una atmósfera de anestesia moral generalizada, de profundo desarraigo, a pesar de todas las palabras de orden en uso en una sociedad democrática de consumo: el debilitamiento del carácter y de toda verdadera dignidad, el marasmo ideológico, el predominio de los intereses más bajos, la vida del día a día, he aquí lo que caracteriza, en general, al hombre de post-guerra. Reconocer esto significa también reconocer que el problema principal, el origen de cualquier otro, es de naturaleza interior: rebelarse, renacer interiormente, darse una forma, crear en sí mismos un orden y una rectitud. Nada han aprendido de las lecciones del pasado reciente quienes hoy todavía se ilusionan a propósito de las posibilidades de una lucha puramente política y sobre el poder de tal o cual fórmula o sistema, si no se parte, ante todo, de una nueva cualidad humana. Es éste un principio que hoy, más que nunca, debería aparecer con una evidencia absoluta: si un Estado tuviera un sistema político o social que, en teoría, valiera corno el más perfecto, pero en el cual la substancia humana fuese deficiente, entonces este Estado descendería antes o después al nivel de las sociedades más bajas, mientras que, por el contrario, un pueblo, una raza capaz de engendrar verdaderos hombres, hombres de intuición justa y de instinto seguro, alcanzaría un alto nivel de civilización y se mantendría en pie, firme frente a las más arduas y calamitosas pruebas, incluso aunque su sistema político fuera deficiente o imperfecto. Hay que adoptar, pues, una precisa posición contra el falso "realismo político", que piensa sólo en términos de programas, de problemas, de organización de partidos, de recetas sociales y económicas. Todo esto es contingente y en absoluto esencial. Lo que aún puede ser salvado depende, por el contrario, de la existencia o no de hombres que vivan no para predicar fórmulas, sino para ser ejemplos; no para ir al encuentro de la demagogia y del materialismo de las masas, sino para despertar diferentes formas de sensibilidad y de interés. Se trata dereconstruir un hombre nuevo a partir de lo que, pese a todo, sobrevive aún entre las ruinas, animarlo gracias a un determinado espíritu y una adecuada visión de la vida, fortificarlo mediante la adhesión férrea a ciertos principios. Este es el verdadero problema.

3. EL "ESPÍRITU LEGIONARIO"

En el plano espiritual, existe efectivamente algo que puede servir como orientación para las fuerzas de la resistencia y del alzamiento: es el espíritu legionario. Se trata de la actitud de quienes supieron elegir el camino más duro, de quienes supieron combatir aun siendo conscientes de que la batalla estaba materialmente perdida, de quienes supieron revivir y convalidar las palabras del antiguo lema: La fidelidad es más fuerte que el fuego, a través de la cual se afirma la idea tradicional de que el sentido del honor y de la vergüenza, y no las exiguas medidas extraídas de pequeñas moralinas, crea una diferencia substancial y existencial entre los seres, casi como entre una raza y otra. Por otra parte, en todo esto se perfila la realización de aquellos para quienes el fin aparece como un medio y el reconocimiento del carácter ilusorio de los múltiples mitos deja intacto lo que supieron conquistar por sí mismos, en las fronteras de la vida y la muerte, más allá del mundo de la contingencia. Estas formas del espíritu pueden constituir los fundamentos de una nueva unidad. Lo esencial es asumirlas, aplicarlas y extenderlas desde el tiempo de guerra al tiempo de paz, de esta paz que no es más que una tregua y un desorden malamente contenido, hasta que se determine una discriminación y un nuevo frente de batalla en formación. Éste debe realizarse en términos mucho más esenciales de los que se dan en un "partido", que puede ser sólo un instrumento contingente en previsión de determinadas luchas políticas; incluso en términos más esenciales también que los representados por un simple "movimiento", si por "movimiento" se entiende solamente un fenómeno de masas y de agregación, un fenómeno cuantitativo más que cualitativo, basado más en factores emocionales que en la severa y franca adhesión a una idea. De lo que se trata es más bien de una revolución silenciosa, de origen profundo; esta revolución debe resultar de la creación, en el interior del individuo, de las premisas de un orden que, después, tendrá que afirmarse también en el exterior; entonces suplantará fulminantemente, en el momento justo, las formas y las fuerzas de un mundo de decadencia y de subversión. El "estilo" que debe imperar es el de quien se mantiene sobre posiciones de fidelidad a sí mismo y a una idea, en un recogimiento profundo; este estilo nace de un rechazo hacia toda componenda, en un empeño total que se debe manifestar no sólo en la lucha política sino también en toda expresión de la existencia: en las fábricas, laboratorios, universidades, calles, en el dominio personal de los afectos y los sentimientos. Se tiene que llegar al punto en que el tipo humano del que hablamos, que debe ser la sustancia celular de nuestras tropas en formación, sea reconocible, imposible de confundir, diferenciado, y pueda decirse de él: "he aquí alguien que actúa como un hombre del movimiento".

Esta consigna, propia de las fuerzas que soñaron con dar a Europa un orden nuevo, pero que a menudo fue en su realización falseada y obstaculizada por múltiples factores, debe ser hoy día retomada. Hoy, en el fondo, las condiciones son mejores, porque no existen equívocos y basta mirar alrededor, desde la calle al parlamento, para que las vocaciones sean puestas a prueba y se obtenga, claramente, la medida de lo que nosotros "no" debemos ser. Ante un mundo podrido cuyo principio es: "haz lo que veas hacer", o, también, "primero el vientre, el piel (tan citada por Curzio Malaparte), y después la moral", o: "éstos no son tiempos en que se pueda uno permitir el lujo de tener un carácter", o, finalmente: "tengo una familia que alimentar", nosotros oponemos esta norma de conducta, firme y clara: "No podemos actuar de otra forma, éste es nuestro camino, ésta es nuestra forma de ser". Todo lo que de positivo se podrá obtener hoy o mañana nunca se logrará mediante la habilidad de los agitadores y de los políticos, sino a través del natural prestigio y el reconocimiento de los hombres de la generación anterior, o, mejor aún, de las nuevas generaciones, hombres que serán capaces de todo ello y que suministrarán una garantía en favor de su idea.

4.- POR UNA NUEVA ARISTOCRACIA

Es, pues, una substancia nueva la que debe afirmarse, en sustitución de aquella otra, podrida y desviada, creada en el clima de la traición y de la derrota, mediante un lento avance más allá de los esquemas, de los rangos y de las posiciones sociales del pasado. Se trata de una figura nueva que debemos tener ante los ojos para poder medir la propia fuerza y la propia vocación. Esta figura, es importante y fundamental reconocerlo, no tiene nada que ver con las clases en tanto que categorías sociales y económicas, ni con los antagonismos que les son relativos. Dicha figura podrá manifestase tanto bajo la forma del rico como del pobre, del obrero como del aristócrata, del empresario como del investigador, del técnico, del teólogo, del agricultor, del hombre político en sentido estricto. Pero esta nueva substancia conocerá una diferenciación interna, perfecta cuando no quepan dudas acerca de las vocaciones a las que seguir y sobre las funciones de la obediencia y del mando, cuando el más prístino símbolo de autoridad absoluta reine en el centro de las nuevas estructuras jerárquicas.

Esto define una dirección tan antiburguesa como antiproletaria, una dirección totalmente liberada de las contaminaciones democráticas y de las mentiras "sociales" y, por consiguiente, dirigida hacia un mundo claro, viril, articulado, hecho por hombres y por jefes de hombres. Despreciamos el mito burgués de la "seguridad", de la mezquina vida estandarizada, conformista, domesticada y "moralizada". Despreciamos el vínculo anodino propio de todo sistema colectivista y mecanicista y de todas las ideologías que confieren a los confusos valores "sociales" primacía sobre los valores heroicos y espirituales, por medio de los cuales se debe definir en todos los dominios, el tipo del hombre verdadero, de la persona absoluta. Algo esencial se conseguirá cuando se despierte nuevamente el amor por un estilo de impersonalidad activa, en el que lo que cuenta es la obra y no el individuo mediante el cual seamos capaces de considerar como algo importante no a nosotros mismos, sino a la función, la responsabilidad, la tarea que se acepta, el objetivo perseguido. Allí donde este espíritu se afirme se simplificarán muchos problemas de orden económico y social, los cuales quedarían sin solución si se afrontaran desde el exterior, sin la previa eliminación de la infección ideológica que, de partida, perjudica todo retorno a la normalidad e incluso la misma percepción de lo que significa normalidad.

5.- LOS ESLABONES DE LA DECADENCIA

No sólo como orientación doctrinal, sino también respecto al mundo de la acción, es importante que los hombres alineados en el nuevo frente reconozcan con exactitud la concatenación de las causas y de los efectos y la continuidad esencial de la corriente que ha dado vida a las varias formas políticas que hoy se debaten en el caos de los partidos. Liberalismo, democracia, socialismo, radicalismo, en fin, comunismo o bolchevismo no han aparecido históricamente sino como grados de un mismo mal, como estadios que prepararon sucesivamente el proceso de una caída. El principio de esta caída se sitúa en el punto en el que el hombre occidental rompió los vínculos con la tradición, desconoció todo símbolo superior de autoridad y de soberanía, reivindicó para si mismo como individuo una libertad vana e ilusoria, se convirtió en un átomo en vez de en parte integrante de la unidad orgánica y jerárquica de un todo. El átomo, finalmente, tenía que chocar contra la masa de los restantes átomos, de los demás individuos, y hundirse en el reino de la cantidad, del mero número, de la masa materializada, no teniendo otro dios que la economía soberana. Y este proceso no se detiene a medio camino. Sin la revolución francesa, el liberalismo y la revolución burguesa no se habrían dado el constitucionalismo y la democracia; sin la democracia, no habrían surgido ni el socialismo ni el nacionalismo demagógico; sin la preparación puesta en marcha por el socialismo, no se habrían producido ni el radicalismo ni, finalmente, el comunismo. El hecho de que estas formas se presenten hoy solidarias o antagónicas, no debe impedir reconocer a un ojo atento que esas formas se mantienen unidas, se enlazan, se condicionan recíprocamente, y solamente expresan los distintos grados de una misma corriente, de una misma subversión del orden social normal y legítimo. Así, la gran ilusión de nuestro tiempo es creer que la democracia y el liberalismo sean la antítesis del comunismo y tengan el poder de contrarrestar la marea de las fuerzas más bajas, de lo que en la jerga al uso se llama el movimiento "progresista". Se trata de una ilusión: es como si alguien dijese que el crepúsculo es la antítesis de la noche, que el grado incipiente de un mal es la antítesis de su forma aguda y endémica, que un veneno diluido es la antítesis de ese mismo veneno en su estado puro y concentrado. Los hombres de gobierno de esta Italia "liberada" no han aprendido nada de la historia más reciente, cuyas lecciones se han repetido por todas partes hasta la monotonía, y continúan su juego conmovedor con concepciones políticas caducas y vanas en un carnaval parlamentario, cual danza macabra sobre un volcán latente. Para nosotros, en cambio, debe ser característico el coraje del radicalismo, el "no" dicho a la decadencia política en todas sus formas, sean de izquierda o de una presunta derecha. Y, sobre todo, se debe ser consciente de que con la subversión no se pacta, que hacer concesiones hoy significa condenarse y ser arrollado completamente mañana. Intransigencia de la idea, por lo tanto, y rapidez en avanzar con las fuerzas puras cuando llegue el momento adecuado. Esto implica, naturalmente, desembarazarse además de la distorsión ideológica, desgraciadamente expandida entre una gran parte de nuestra juventud, y en función de la cual se aprueban coartadas destinadas a destrucciones ya consumadas, manteniendo la ilusión de que esas destrucciones, después de todo, son necesarias y servirán al "progreso"; se cree que se debe combatir por cualquier cosa "nueva", oculta en un indeterminado porvenir, y no por las verdades que ya poseemos, porque estas verdades, aunque bajo diversas formas de aplicación, siempre y en todas partes han servido de base a todo tipo recto de organización social y política. Rechazad estos caprichos y reíros de quien os acuse de "antihistóricos" y "reaccionarios". No existe la Historia como entidad misteriosa escrita con mayúscula. Son los hombres, mientras estos son realmente hombres, quienes hacen y deshacen la historia; el así llamado "historicismo" es más o menos lo mismo que en ambientes de izquierda se denomina "progresismo", y que sólo fomenta hoy la pasividad frente a la corriente que aumenta y empuja siempre hacia abajo. Y en cuanto al "reaccionarismo", preguntad: ¿Queréis, que mientras vosotros actuáis, destruyendo y profanando, nosotros no reaccionemos, sino que nos quedemos mirando y más aún, os animemos diciendo: bravo, continuad? Nosotros no somos reaccionarios, porque la palabra no es lo suficientemente fuerte y, sobre todo, porque partimos de lo positivo, representamos lo positivo, valores reales y originarios que no necesitan de ningún "sol del porvenir" [referencia al lema del Partido Socialista Italiano. NdT].

Frente a este radicalismo, aparece como irrelevante la antítesis entre el "Este" y el "Oeste", entre el "Oriente"' rojo y el "Occidente" democrático, y asimismo nos parece trágicamente irrelevante incluso un eventual conflicto armado entre estos dos bloques. De cara a un tiempo inmediato, subsiste ciertamente clara la elección del mal menor, porque la victoria militar del "Este" implicaría la destrucción física inmediata de los últimos exponentes de la resistencia. Pero, en el plano ideológico, Rusia y América del Norte deben considerarse como las dos garras de una misma tenaza que se va apretando alrededor de Europa. En estas dos formas distintas, pero convergentes, actúan estas fuerzas extrañas y enemigas. Las formas de estandarización, de conformismo, de nivelación "democrática", de frenesí productivo, de más o menos tiránico y explícito "brain trust", de materialismo práctico en el seno del americanismo, pueden servir sólo para allanar el camino para la fase posterior, que está representada, sobre la misma dirección, en el ideal puramente comunista del hombre-masa. El carácter distintivo del "americanismo" es su ataque a la cualidad y a la personalidad no se realiza mediante la brutal coacción de una dictadura marxista y de un pensamiento de Estado, sino casi espontáneamente, a través de las vías de una civilización que no conoce otros valores más altos que la riqueza, el rendimiento, la producción ilimitada, que es lo que por exasperación y reducción al absurdo eligió Europa, y en ella los mismos motivos han tomado forma o la están tomando. Pero el primitivismo, el mecanicismo y la brutalidad están tanto en una como en otra parte. En cierto sentido, el "americanismo" es más peligroso que el bolchevismo, al ser una especie de caballo de Troya. Cuando el ataque contra los valores residuales de la tradición europea se efectúa en la forma directa y desnuda propia de la ideología bolchevique y del estalinismo, aún se despiertan reacciones, ciertas líneas de resistencia que, aunque caducas, se pueden mantener. No sucede lo mismo cuando idéntico mal actúa en forma más sutil y las transformaciones acontecen imperceptiblemente en el plano de las costumbres y de la visión general de la vida, como sucede en el caso del americanismo. Sufriendo esta influencia bajo el signo de la libertad democrática, Europa se predispone a su última abdicación, tanto que podrá incluso suceder que no haya necesidad de una catástrofe militar, sino que por vía "progresiva" se llegue, tras una última crisis social, más o menos al mismo punto. Una vez más nada puede detenerse a mitad de camino. El americanismo, lo quiera o no, trabaja a favor de su aparente enemigo, el colectivismo.

6.- CONTRA LA PRIMACÍA DE LO ECONÓMICO

Nuestro radicalismo de la reconstrucción exige que no se transija, no sólo con ninguna de las variedades de la ideología marxista o socialista, sino tampoco con aquello que en general se puede llamar la alucinación o el demonismo de la economía. Se trata de la idea de que en la vida individual y colectiva el factor económico sea lo más importante, real y decisivo; que la concentración de los valores e intereses en el plano económico y productivo no sea la aberración sin precedentes del hombre occidental moderno, sino algo normal, no una brutal y eventual necesidad, sino algo que se desea y se exalta. En este círculo cerrado y oscuro se encuentran atrapados tanto el capitalismo como el marxismo. Debemos romper este círculo. Mientras no se hable más que de clases económicas, trabajo, salarios, producción, mientras se piense que el verdadero progreso humano, la verdadera elevación del individuo, está solamente condicionado por un particular sistema de distribución de la riqueza y de los bienes y tenga relación con la pobreza y el bienestar, con el estado de la prosperidad o con el socialismo utópico, se permanecerá siempre en el plano de lo que debe combatirse. Nosotros afirmamos que todo aquello que es economía e interés económico como mera satisfacción de la necesidad animal, ha tenido, tiene y siempre tendrá una función subordinada en una humanidad normal; que más allá de esta esfera debe diferenciarse un orden de valores superiores, políticos, espirituales y heróicos, un orden que -como ya hemos dicho- no conoce y ni siquiera admite "proletarios" o "capitalistas" y que sólo en función de dicho orden se deben definir aquellas cosas por las que vale la pena vivir y morir; un orden que debe establecer una verdadera jerarquía, diferenciar nuevas dignidades y, en la cumbre, entronizar la superior función del mando, del Imperium. Así, a este respecto, deben desarraigarse muchas malas hierbas que han crecido también en nuestras filas. ¿Qué significa, si no, ese discurso sobre el "Estado del Trabajo", el "socialismo nacional", el "humanismo del trabajo" y similares? ¿qué significan esas llamadas más o menos explícitas a una involución de la política dentro de la economía, recogiendo así una de esas tendencias problemáticas hacia un "corporativismo integral" y, en el fondo, acéfalo, que en el fascismo ya encontró, afortunadamente, el paso obstruido? ¿Qué es eso de considerar la formula de la "socialización" como una especie de fármaco universal y elevar la "idea social" a símbolo de una nueva civilización que, quién sabe cómo, debería estar más allá tanto del "Este" como del "Oeste"? Estos puntos oscuros están presentes -es necesario reconocerlo- en no pocos espíritus que, también se encuentran en nuestro mismo frente. Piensan que se mantienen fieles a una consigna "revolucionaria", cuando en realidad obedecen sólo a sugestiones más fuertes que ellos mismos, que saturan un ambiente político degradado. Y entre tales sugestiones se encuentra la misma "cuestión social". ¿Cuándo se tomará conciencia de la verdad, es decir, de que el marxismo no ha surgido porque haya existido una cuestión social objetiva, sino que la cuestión social surge -en numerosísimos casos- sólo porque existe un marxismo, es decir, artificialmente, y sin embargo, en términos casi siempre insolubles, por obra de agitadores (los famosos "excitadores de la conciencia de clase") sobre los que Lenin se ha expresado muy claramente, refutando el carácter espontáneo de los movimientos revolucionarios proletarios?

Partiendo de esta premisa se debería actuar, en el sentido antes mencionado de la desproletarización ideológica y de la desinfección de las partes aún sanas del pueblo del virus político socialista. Sólo entonces, una y otra reforma podrá ser estudiada y realizada sin peligro, según la verdadera justicia. Así mismo hay que valorar la idea corporativa y ver si puede ser una de las bases del proceso de reconstrucción: entendemos el corporativismo, no tanto como un sistema general de equilibrio estático y casi burocrático que mantenga la idea nociva de opuestas formaciones clasistas, sino como voluntad de encontrar, en el mismo seno de la empresa, esa unidad, esa solidaridad de fuerzas diferenciadas que la prevaricación capitalista (con el tipo más reciente y parásito del especulador y del capitalista financiero), por un lado, y la agitación marxista, por otro, han perjudicado y roto. Es necesario restituir a la empresa una forma de unidad casi militar, en la cual al espíritu de responsabilidad, a la energía y a la competencia de quien dirige, se acompañen el de la solidaridad y la fidelidad de las fuerzas laborales asociadas alrededor de él en la común empresa o misión. Si se considera su aspecto legítimo y positivo, tal es entonces el sentido de la "socialización". Pero esta designación, como se ve, es poco apropiada, pues es más bien de una reconstrucción orgánica de la economía y de la empresa de lo que se debería hablar, y deberíamos guardarnos, usando esta fórmula con simples objetivos de propaganda, de adular el espíritu de sedición de las masas transformado en "justicia social" proletaria. El único verdadero objetivo es la reconstrucción orgánica de la empresa, y para realizar este objetivo no es necesario recurrir a fórmulas destinadas a estimular, en el marco de sucias maniobras electorales y propagandísticas, el espíritu de sedición de las masas disfrazado de "justicia social.. En general, debería recuperarse el mismo estilo de impersonalidad activa, de dignidad, de solidaridad en la producción, que fue el estilo propio de las antiguas corporaciones o gremios de artesanos y profesionales. El sindicalismo con su "lucha" y con sus auténticos chantajes, de los que no se nos ofrecen hoy sino demasiados ejemplos, debe ser proscrito. Pero, repitámoslo, a esto se debe llegar partiendo desde el interior. Lo importante es que, contra toda forma de resentimiento y de rivalidad social, cada uno sepa reconocer y amar su propia función, aquella que verdaderamente es conforme a su propia naturaleza, reconociendo así los límites dentro de los cuales puede desarrollar sus potencialidades y conseguir una perfección propia; porque un artesano que desempeña perfectamente su función es indudablemente superior a un rey que se desvía y que no está a la altura de su dignidad.

En particular, podemos admitir un sistema de competencias técnicas y de representaciones corporativas para sustituir al parlamentarismo de los partidos; pero debe tenerse presente que las jerarquías técnicas, en su conjunto, no pueden significar nada más que un grado en la jerarquía integral: se refieren al orden de los medios, que han de subordinarse al orden de los fines, al cual por tanto corresponde la parte propiamente política y espiritual del Estado. Hablar, pues, de un "Estado del trabajo" o de "la producción" equivale a hacer de la parte un todo y reducir, por analogía, un organismo humano a sus funciones simplemente físico-vitales. Una tal elección, oscura y obtusa, no puede ser nuestra bandera, al igual que tampoco la idea social. La verdadera antítesis, tanto frente al "Este" como frente al "Oeste", no es el "ideal social". Lo es, en cambio, la idea jerárquica integral. Respecto a esto, ninguna incertidumbre es tolerable.

7.- LA IDEA ORGÁNICA

Si la idea de una unidad política viril y orgánica formó ya parte esencial del mundo que fue vencido -y se sabe que, entre nosotros, se evocó de nuevo el símbolo romano- debemos también reconocer los casos en los cuales esta exigencia se desvió y abortó hacia la dirección equívoca del "totalitarismo". Esto, de nuevo, es un punto que debe verse con claridad, a fin de que la diferencia entre los frentes sea precisa y no se suministren armas a quienes quieren confundir las cosas. Jerarquía no es jerarquismo (un mal éste que, desgraciadamente, intenta extenderse en nuestros días), y la concepción orgánica nada tiene que ver con una esclerosis de la idolatría del Estado ni con una centralización niveladora. En cuanto a los individuos, la verdadera superación, tanto del individualismo como del colectivismo, se da solamente cuando los hombres se encuentran frente a los hombres, en la diversidad natural de su ser y de su dignidad, teniendo gran importancia el antiguo principio de que "la suprema nobleza de los jefes no es la de ser amos de siervos, sino señores que también aman la libertad de quienes les obedecen". Y en cuanto a la unidad que debe impedir, por regla general, toda forma de disociación y de absolutización de lo particular, tiene que ser esencialmente espiritual, debe ser y tener una influencia central orientadora, un impulso que, según los dominios, asume las más diferentes formas de expresión. Ésta es la verdadera esencia de la concepción "orgánica", opuesta a las relaciones rígidas e intrínsecas propias del "totalitarismo". En este marco, la exigencia de la libertad y de la dignidad de la persona humana, que el liberalismo sabe concebir solamente en términos individualistas, igualitarios y privados, puede realizarse integralmente. En este espíritu deben ser estudiadas las estructuras de un nuevo orden político y social, de sólidas y claras articulaciones.

Pero estas estructuras necesitan de un centro, de un punto supremo de referencia. Es necesario un nuevo símbolo de soberanía y de autoridad. La consigna a este respecto debe ser precisa, puesto que no podemos admitir tergiversaciones ideológicas. Se debe decir claramente que aquí no se trata del llamado problema institucional sino de modo subordinado; se trata, ante todo, de aquello que es necesario para lograr una "atmósfera" específica que haga posible el fluido que debe animar toda relación de fidelidad, de dedicación, de servicio, de acción desinteresada, hasta superar verdaderamente el gris, mecanicista y torcido mundo político y social actual. En este camino hoy se acabará en un callejón sin salida si no se es capaz de asumir una especie de áscesis de la idea pura. Para numerosos espíritus, la percepción clara de la dirección justa viene perjudicada tanto por algunos antecedentes poco felices de nuestras tradiciones nacionales como por las trágicas contingencias de un pasado reciente. Estamos dispuestos a admitir la incoherencia de la solución monárquica, si se piensa en aquellos que hoy en día sólo saben defender el residuo de una idea, un símbolo vacío y desvirilizado, como lo es el de la monarquía constitucional y parlamentaria. Pero, del mismo modo, debemos declarar nuestro rechazo de la idea republicana. Ser antidemócrata por un lado, y por otro defender "ferozmente" (tal es desgraciadamente la terminología de algunos exponentes de una falsa intransigencia) la idea republicana es un absurdo que salta a los ojos: la república (en su representación moderna, pues las repúblicas antiguas fueron aristocracias -como en Roma- u oligarquías, éstas a menudo con carácter de tiranías) pertenece esencialmente al mundo surgido tras el jacobinismo y la subversión antitradicional y antijerárquica del siglo XIX. Que se la deje entonces a ese mundo, que no es el nuestro. En cuanto a Italia, es inútil jugar al equívoco en nombre de una presunta fidelidad al fascismo de Saló, pues si por esta razón se debiera seguir la falsa vía republicana, se sería precisamente infiel a algo superior, se echaría por la borda el núcleo central de la ideología del Ventenio, es decir, su doctrina del Estado como autoridad, poder, imperium.

Ésta es la doctrina que se debe seguir, sin consentir en descender de nivel ni hacer el juego a ningún grupo. La concreción del símbolo, por ahora, puede quedar indeterminada. Decir solamente: Jefe, Jefe del Estado. Aparte de esto, el principal y esencial deber es preparar silenciosamente el ambiente espiritual adecuado para que el símbolo de la autoridad intangible sea percibido y reasuma su pleno significado: a tal símbolo no podría corresponder la estatura de cualquier revocable "presidente" de la república, ni tampoco un tribuno o jefe popular, detentador de un simple poder individual informe, privado de un carisma superior, de un poder basado de hecho en la fascinación precaria que ejerce sobre las fuerzas irracionales de la masa. Este fenómeno, llamado por algunos "bonapartismo", ha sido interpretado justamente, no como lo contrario de la democracia demagógica o "popular", sino como su lógica conclusión: el "bonapartismo" es una de las sombrías apariciones de la spengleriana "decadencia de Occidente". Ésta es otra piedra de toque y una prueba para los nuestros: la sensibilidad respecto a todo esto. Ya un Carlyle había hablado "del mundo de los siervos que quieren ser gobernados por un pseudo-Héroe", y no por un Señor.

8.- LA PATRIA DE LA IDEA

En un análogo orden de ideas debe ser precisado otro punto. Se trata de la posición que se debe tomar frente al nacionalismo y a la idea genérica de patria. Esto es especialmente oportuno en cuanto que, muchos, intentando salvar aun lo que puede ser salvado, querrían hacer valer de nuevo una concepción romántica, sentimental y al mismo tiempo naturalista de la nación, idea extraña a la más alta tradición política europea y poco conciliable con la misma concepción del Estado de la que se ha hablado. Abstracción hecha de que la idea de patria sea invocada entre nosotros, de manera retórica e hipócrita, por las facciones más opuestas, e incluso por los representantes de la subversión roja, concretamente hablando esta concepción no está a la altura de la época, pues, por un lado, se asiste a la formación de grandes bloques supranacionales, mientras que, por otro, aparece cada vez más necesario encontrar un punto de referencia europeo, capaz de unir fuerzas, más allá del inevitable particularismo inherente a la concepción naturalista de la nación y, aun más, del "nacionalismo. Pero más esencial es la cuestión de principio. El plano político, en tanto que tal, es el de las unidades superiores con respecto a las unidades definidas en términos naturalistas, como es el caso de aquellas que corresponden a las nociones genéricas de nación, patria y pueblo. En este plano superior, lo que une y divide es la idea, una idea encarnada por una determinada élite tendente a concretarse en el Estado. Por ello, la doctrina fascista -fiel en ello a la mejor tradición política europea-, otorga a la Idea y al Estado la primacía sobre la nación y el pueblo, y estima que nación y pueblo no adquieren un sentido y una forma y no participan en un grado superior de existencia más que en el interior del Estado. Justamente, en períodos de crisis como el actual, es necesario mantenerse firmes en esta doctrina. En la Idea debe ser reconocida nuestra verdadera patria. Lo que cuenta hoy no es el hecho de pertenecer a una misma tierra o de hablar una misma lengua, sino el hecho de compartir la misma idea. Tal es la base, el punto de partida. A la unidad colectivista de la nación *des enfants de la patrie-* en la forma en que ha predominado cada vez más a partir de la revolución jacobina, oponemos algo que se asemeje a una Orden, hombres fieles a los principios, testimonios de una autoridad y de una legitimidad superiores procedentes precisamente de la Idea. Aunque hoy seria deseable, en cuanto a los fines prácticos se refiere, avanzar hacia una nueva solidaridad nacional, para alcanzarla no se debe descender a ningún tipo de compromiso; la condición sin la cual todo resultado sería ilusorio es que se aísle y tome forma un frente definido por la Idea, en tanto que idea política y visión de la existencia. Hoy no existe otro camino: es necesario que, de entre las ruinas, se renueve el proceso de los orígenes, aquel que, basado en las elites y en un símbolo de soberanía y de autoridad, hizo unirse a los pueblos dentro de los grandes Estados tradicionales, como otras tantas formas surgiendo de lo informe. No se debe entender que este realismo de la idea signifique mantenerse en un plano que es, en el fondo, infrapolítico: el plano del naturalismo y del sentimentalismo, por no decir claramente el de la retórica patriotera.

Y en el caso de que quisiéramos igualmente apoyar nuestra idea en las tradiciones nacionales, habría que estar atentos, pues existe toda una "historia nacional" de inspiración masónica y antitradicional especializada en atribuir el carácter nacional italiano a los aspectos más problemáticos de la historia de Italia, comenzando con la rebelión de las Comunas apoyadas por el güelfismo. Así, toma relieve una "italianidad" tendenciosa, en la cual nosotros, que hemos escogido el símbolo romano, no podemos ni queremos reconocernos. Esa "italianidad" se la dejamos, con mucho gusto, a quienes, con la "liberación" y el movimiento partisano, han celebrado el "segundo Risorgimiento". Idea, Orden, elite, Estado, hombres de Orden. Éstos son los términos en los que debe mantenerse la línea fundamental, mientras sea posible.

9.- CONCEPCIÓN DEL MUNDO Y MITOS MODERNOS

Es necesario ahora hablar del problema de la cultura. En efecto, la cultura no debe ser sobrevalorada. Lo que llamamos "visión del mundo" no se basa en los libros; es una forma interior que puede encontrarse con más autenticidad en una persona sin una particular cultura que en un "intelectual" o en un escritor. Se puede imputar como hecho nefasto de la "cultura libre", al alcance de todo el mundo, que el individuo esté indefenso frente a los influjos de todo género, incluso cuando es incapaz de mostrarse activo frente a ellos, de discriminar y juzgar según un criterio justo.

Pero no es éste el lugar de extenderse sobre tal punto. Baste decir que, en el estado actual de las cosas, existen corrientes específicas contra las cuales los jóvenes de hoy deben defenderse interiormente. Ya hemos hablado de un estilo de rectitud y de una actitud interna. Tal estilo implica un justo saber, y en especial los jóvenes deben darse cuenta de la intoxicación operada en toda una generación por parte de las variedades de una visión de la existencia distorsionada y falsa, variedades que han incidido en las fuerzas internas precisamente en el punto donde su integridad sería más necesaria. De una forma u otra, estas toxinas continúan hoy actuando en la cultura, en la ciencia, en la sociología, en la literatura, como otros tantos focos de infección que deben ser denunciados y neutralizados. Aparte del materialismo histórico y el economicismo, sobre los cuáles ya se ha hablado, también son principales núcleos de infección el darwinismo, el psicoanálisis, el existencialismo, el neorrealismo.

Contra el darwinismo se debe reivindicar la dignidad fundamental de la persona humana, reconociendo su verdadero lugar, que no es el de una particular y más o menos evolucionada especie animal entre tantas diferenciada por "selección natural" y que permanecería ligada a orígenes animalescos y primitivos, sino a un estatuto tal que virtualmente la eleve por encima del plano biológico. Aunque hoy no se hable demasiado del darwinismo, su substancia perdura. El mito biológico darwinista, en una u otra de sus variantes, mantiene su valor preciso de dogma, defendido por los anatemas de la "ciencia" en el seno del materialismo de la civilización marxista y americana. El hombre moderno se ha acostumbrado a esta concepción degradada, se reconoce en ella tranquilamente y la encuentra natural.

Contra el psicoanálisis, debe prevalecer el ideal de un Yo que no abdica, que quiere permanecer consciente, autónomo y soberano frente a la parte nocturna y subterránea de su alma y frente al demonio de la sexualidad; que no se siente ni "reprimido" ni psicológicamente escindido, sino que realiza un equilibrio de todas sus facultades humanas, ordenadas hacia la realización de un significado superior de la vida y de la acción. Puede ser señalada una convergencia evidente: el descrédito arrojado sobre el principio consciente de la persona, el relieve dado por el psicoanálisis y otras escuelas análogas al subconsciente, a lo irracional, al "inconsciente colectivo", etc., corresponden, en el individuo, exactamente a lo que representan, en el mundo social e histórico moderno, el movimiento surgido desde abajo, la subversión, la sustitución revolucionaria de lo superior por lo inferior y el desprecio por todo principio de autoridad. Sobre dos planos diferentes actúa la misma tendencia, y los efectos no pueden sino integrarse recíprocamente.

En cuanto al existencialismo, incluso aunque veamos en él propiamente una filosofía confusa hasta hace poco reducida a pequeños grupos de especialistas, es necesario reconocer en él el estado del alma de una crisis erigida en sistema y adulada, la verdad de un tipo humano roto y contradictorio, que sufre como angustia, tragedia y absurdo una libertad ante la cual no se siente elevado, sino más bien condenado, sin salida y sin responsabilidad, en el seno de un mundo privado de valor y de sentido. Todo ello, mientras que ya el mejor Nietzsche había indicado una vía para dar un sentido a la existencia, para darse una ley y un valor intangible frente a un nihilismo radical, al encuentro de un existencialismo positivo y, según su expresión, de "naturaleza noble". Tales deben ser las direcciones a seguir, que no deben ser intelectualizadas, sino vividas, integradas en su significado inmediato a la vida interior y a la propia conducta. No es posible rebelarse mientras se permanezca, de un modo u otro, bajo la influencia de estas formas de pensar falsas y desviadas. Pero, una vez desintoxicados, se puede adquirir la claridad, la rectitud, la fuerza.

10.- REALISMO Y ANTIBURGUESISMO

En la zona que está entre la cultura y la costumbre existe una actitud que debe ser precisada. Lanzada por el comunismo, la consigna del antiburguesismo ha sido recogida en el campo de la cultura por ciertos ambientes intelectuales de "vanguardia". En esto hay un equívoco. Dado que la burguesía ocupa una posición intermedia, existe una doble posibilidad de superar a la burguesía, de decir "no" al tipo burgués, a la civilización burguesa, al espíritu y a los valores burgueses. Una de estas posibilidades corresponde a la dirección que conduce todavía más bajo, hacia una subhumanidad colectivizada y materializada, con su "realismo" marxista: valores sociales y proletarios contra la "decadencia burguesa" e "imperialista". La otra posibilidad es la dirección de quien combate a la burguesía para elevarse efectivamente por encima de ella. Los hombres del nuevo frente serán, ciertamente, antiburgueses, pero en razón de su concepción superior, heroica y aristocrática de la existencia; serán antiburgueses porque despreciarán la vida cómoda; antiburgueses porque seguirán no a quienes prometen ventajas materiales, sino a quienes lo exigen todo de si mismos;

antiburgueses, en fin, porque no tendrán la preocupación de la seguridad, sino que amarán la unión esencial entre la vida y el riesgo, en todos los niveles, haciendo suya la inexorabilidad de la idea desnuda y de la acción precisa. Otro aspecto por el cual el hombre nuevo, sustancia celular del movimiento que despierta, será antiburgués y se diferenciará de la generación precedente será su rechazo hacia toda forma de retórica y de falso idealismo, su desprecio hacia todas las grandes palabras que se escriben con mayúscula, hacia todo aquello que es sólo gesto, golpe de efecto, escenografía. Renuncia y autenticidad por el contrario, nuevo realismo en la exacta apreciación de los problemas que se impondrán, de modo que lo importante no será la apariencia, sino el ser, no la palabrería, sino la realización, silenciosa y precisa, en sintonía con las fuerzas afines y en adhesión al mandato proveniente de lo alto.

Quien contra las fuerzas de izquierda no sabe reaccionar sino en nombre de los ídolos, del estilo de vida y de la mediocre modalidad conformista del mundo burgués, ya ha perdido, por anticipado, la batalla. No es este el caso del hombre en pié, que ha pasado por el fuego purificador de las destrucciones externas e internas. Políticamente, este hombre no es el instrumento de una pseudo-reacción burguesa. Se remite, por regla general, a las fuerzas e ideales anteriores y superiores al mundo burgués y a la era económica, y apoyándose en ellos traza líneas de defensa y consolida las posiciones desde donde partirá, súbitamente, en el momento oportuno, la acción de la reconstrucción. También a este respecto queremos retomar una consigna no realizada: porque se sabe que en el período fascista hubo una tendencia antiburguesa que habría querido afirmarse en un sentido similar. Desgraciadamente, tampoco aquí la substancia humana estuvo a la altura de las circunstancias. E incluso se supo hacer una retórica de la anti-retórica.

11.- SUPERACIÓN DEL ESTADO LAICO

Consideremos brevemente, por último, el tema de las relaciones entre las fuerzas que han conservado su integridad, que no han abdicado, y la religión dominante. Para nosotros, el Estado laico, en cualquiera de sus formas, pertenece al pasado. En particular, nos oponemos a uno de sus disfraces, el que en ciertos ambientes se presenta como el "Estado ético", producto de una débil, es purea, vacía y confusa filosofía "idealista", aliada antaño con el fascismo, pero cuya naturaleza, es tal que puede facilitar un apoyo comparable, en el marco de un simple juego "dialéctico", al antifascismo de un Croce. Esta filosofía no es más que un producto de la burguesía laica y humanista, a la que se suma la presunción del "libre-pensamiento" de un "profesor de liceo" en trance de celebrar la infinidad del "Espíritu absoluto" y del "Acto Puro": nada hay de real, de claro, de duro, en esta filosofía.

Pero si bien nos oponemos a tales ideologías y al Estado laico, tampoco aceptamos un Estado clerical o clericalista. El factor religioso es necesario como fundamento para una verdadera concepción heroica de la vida, esencial para nuestra lucha. Es necesario sentir en nosotros mismos la evidencia de que más allá de esta vida terrestre existe una vida más alta; solamente quien siente así posee una fuerza inquebrantable, y sólo él será capaz de un impulso absoluto - cuando esto falta, el desafío a la muerte y el desprecio a la propia vida es posible sólo en momentos esporádicos de exaltación o ante el desencadenamiento de las fuerzas irracionales; no hay disciplina que se pueda justificar, en el individuo, sin un significado superior y autónomo. Pero esta espiritualidad, que debe estar viva entre los nuestros, no tiene necesidad de formulaciones dogmáticas obligadas, ni de una confesión religiosa determinada; el estilo de vida que debe desarrollarse no es, en modo alguno, el del moralismo católico, que no va más allá de una domesticación "virtuísta" del animal humano.

Políticamente hablando, esta espiritualidad no puede sino sentir desconfianza hacia todo lo que se deduce de ciertos aspectos de la concepción cristiana humanitarismo, jusnaturalisrno, igualdad, ideal del amor y del perdón, en lugar del ideal del honor y de la justicia-. Ciertamente, si el catolicismo fuera capaz de apartarse del plano contingente y político, si fuese capaz de hacer suya una elevación ascética y si fuera capaz, sobre esta base; como en una continuación del espíritu del mejor Medievo de los cruzados; de convertir la fe en el alma de un bloque armado de fuerzas, de una nueva Orden templaria compacta e inexorable contra las corrientes del caos, del abandono, de la subversión y del materialismo práctico del mundo moderno e incluso en el caso en que, como condición mínima, el catolicismo permaneciera fiel a la posición del Syllabus, entonces no habría ni un instante de duda en cuanto a la opción a seguir. Pero tal como están las cosas, dado el nivel mediocre y, en el fondo, burgués y mezquino al cual prácticamente ha descendido en la actualidad todo lo que es religión confesional, dada la sumisión modernista y la cada vez mayor apertura a la izquierda de la Iglesia post-conciliar del "aggiornamento", bastará para nuestros hombres la pura referencia al espíritu, y valdrá precisamente como la evidencia de una realidad trascendente, que debe ser invocada no por evasión mística o como coartada humanitaria, sino para infundir nueva fuerza a nuestra fuerza, para presentar que nuestro combate no es puramente político, para atraer una invisible consagración sobre un nuevo mundo de hombres y de jefes de hombres.

Éstas son algunas orientaciones esenciales para la lucha en la que se va a combatir, escritas sobre todo con especial atención para la juventud, a fin de que ésta recoja la antorcha y la consigna de quienes aun no han renunciado, aprendiendo de los errores del pasado, sabiendo discriminar y prever todo lo que se ha experimentado y que aun hoy se experimenta en cuanto a situaciones contingentes. Lo esencial es no descender al nivel de los adversarios, no limitarse a seguir simples consignas, no insistir en demasía sobre lo que depende del pasado y que, aun siendo digno de ser recordado, no tiene el valor actual e impersonal de una idea-fuerza; en fin, no ceder a las sugestiones del falso realismo politiquero, problema éste de todos los "partidos". Ciertamente, es necesario que nuestras fuerzas tomen parte también en la lucha política y polémica del cuerpo a cuerpo, para crearse todo el espacio posible en la situación actual y contener el avance de las fuerzas de izquierdas. Pero más allá de esto, es importante y esencial que se constituya una elite, que, con aguerrida intensidad, definirá, con un rigor intelectual y una intransigencia absolutos, la idea en función de la cual es preciso unirse, y afirmará esta idea sobre todo en la forma del hombre nuevo, del hombre de la resistencia, del hombre en pié entre las ruinas. Si nos es dado superar este período de crisis y de orden vacilante e ilusorio, sólo a este tipo de hombre corresponderá el futuro. Pero incluso si el destino que el mundo moderno se ha creado, y que lo arrolla todo, no pudiera ser contenido, gracias a tales premisas las posiciones interiores permanecerán intactas: en cualquier circunstancia, lo que debe ser hecho será hecho, y perteneceremos así a esa patria a la que ningún enemigo podrá nunca ocupar ni destruir.

Julius Evola

NOTAS SOBRE LA "DIVINIDAD" DE LA MONTAÑA

En un editorial publicado en la revista del C.A.I., S.E. Manaresi ha subrayado, con eficaces palabras, un punto sobre el cual hoy no sabríamos insistir con exceso: la necesidad de superar la doble antítesis limitativa, constituida de una parte por el hombre de estudios, exangüe y separado -en su "cultura" hecha de palabras y de libros- de las fuerzas más profundas del cuerpo y de la vida; de otra, por el hombre simplemente deportivo, desarrollado en una disciplina simplemente física y atlética, sano, pero privado de todo punto de referencia superior. Más allá de la unilateralidad de estos dos tipos, hoy se trata de llegar a algo más completo: a un tipo en el cual el espíritu se transforme en fuerza y vida, y la disciplina física, por su parte, se convierta en el encauzamiento, símbolo y casi diríamos "rito" para la disciplina espiritual. S.E. Manaresi en muchas ocasiones ha tenido también la oportunidad de decir que entre los diversos deportes, el alpinismo es seguramente el que ofrece las posibilidades más amplias y más próximas para una integración del género. En realidad, la grandeza, el silencio y la potencia de las grandes montañas inclinan naturalmente al ánimo hacia aquello que no es exclusivamente humano, aproximan a los mejores al punto en el que el ascenso material, en todo lo que presupone de coraje, de superación y de lucidez implica, y una elevación interna llegan a ser partes solidarias e inseparables de una sola y misma cosa. Ahora, puede ser interesante realzar que estas ideas, que hoy comienzan a ser recalcadas por las personalidades representativas para la justa orientación de los mejores de las nuevas generaciones, llegan simultáneamente a un transfondo de antiquísima tradición... a algo que se puede llamar "tradicional", en el sentido más amplio de este término. Si los antiguos no conocían más que por vía de excepción y en una forma enteramente rudimentaria el alpinismo, poseían, no obstante, del modo más vivo el sentido sacro y simbólico de la montaña, y la idea, en ese caso simbólica, del ascenso de la montaña y de la residencia en la montaña como algo propio de los "héroes", de los "iniciados", de seres -en suma- que se consideraba que habían superado los limites de la vida común y gris de las "llanuras".

En estas páginas, por tanto, no estará fuera de lugar alguna breve alusión sobre el concepto tradicional de la divinidad de la montaña, tomado fuera de los símbolos, en su sentido interno: porque ello permitirá definir y precisar algo del aspecto interno y espiritual de aquellas vicisitudes, de las cuales la descripción o relación técnica alpinística no representa más que el aspecto externo y, casi diríamos, el caput mortuum.

* * *

El concepto de la divinidad de los montes procede, de modo uniforme en Oriente y en Occidente, de las tradiciones extremo-orientales a las de los aztecas de la América precolombina, de las egipcias a las arias nórdico-germánicas, de las helénicas a las iránicas e hindúes: bajo la forma de mitos y leyendas sobre la montaña de "los dioses" o sobre la montaña de "los héroes", sobre la cumbre de aquellos que "son arrebatados por el éxtasis", o sobre los parajes donde se encuentran misteriosas fuerzas de "gloria" y de "inmortalidad". El fundamento general para el simbolismo de la montaña es simple: asimilada la tierra a todo lo que es humano (como, por ejemplo en las antiguas etimologías que hacen proceder "hombre de humus"), las culminaciones de la tierra hacia el cielo, transfiguradas en nieves eternas -las montañas- deben presentarse espontáneamente como la materia más adecuada para expresar mediante alegorías los estados trascendentes de la conciencia, las superaciones interiores o las apariciones de modos supra-normales del ser, a menudo representados figuradamente como "dioses" y deidades. De donde tenemos no sólo los montes como "sedes simbólicas" -tomemos nota- de los "dioses", sino que también tenemos tradiciones, como las de los antiguos Arios del Irán y de Media que, según Jenofonte, no conocieron los templos por su divinidad, sino precisamente sobre las cumbres; sobre las cimas montañosas ellos celebraban el culto y el sacrificio al Fuego y al Dios de la Luz: viendo en ellas un lugar más digno, grandioso y analógicamente más próximo a lo divino que cualquier construcción o templo hecho por los hombres.

Para los hindúes la montaña divina es, como es notorio, el Himalaya, nombre que en sánscrito quiere decir "La sede de las nieves"; en ella, el Meru es, específicamente, el monte sacro. Aquí debemos tener en cuenta dos puntos. Ante todo, el monte Meru es concebido como el lugar en que *Siva*, imaginado como el "gran asceta", llevó a cabo sus meditaciones realizadoras, tras las cuales fulminó a Kama, el Eros hindú, cuando este intentó abrir el espíritu a la pasión. En esta cumbre suprema del mundo, aún virgen para el pie humano, vemos por lo tanto cómo coinciden, en la tradición hindú, la misma idea de áscesis absoluta, de la purificación viril de una naturaleza ya inaccesible a todo lo que sea pasión y deseo, y por eso mismo "estable" en sentido trascendente. Así, en las mismas fórmulas védicas -antiquísimas- de las consagraciones de los reyes, vemos figurar precisamente la imagen de la "montaña" por la solidez del poder y del imperium que el rey asumirá. Por otra parte, en el *Mahabbarata* vemos a Arjuna ascender el Himalaya para realizar su exaltación espiritual, siendo dicho que "sólo en la alta montaña habría él podido conseguir la visión divina"; de la misma manera que hacia el mismo Himalaya se dirige el emperador Yudhisthira para consumar su apoteosis y subir al "carro" del "rey de los dioses".

En segundo lugar, debe tenerse en cuenta que la expresión sánscrita *paradesha* significa región elevada, región suprema y así, en un sentido material específico, altura montañesa. Pero *Paradesha* se deja asimilar etimológicamente al caldeo *pardés*, del que deriva el término "paraíso" que pasa, bajo formas teológicas, a las sucesivas creencias hebráico-cristianas. En la idea original aria del "paraíso", encontramos pues, una asociación íntima con el concepto de las "alturas", de las cumbres: asociación que, como es notorio, vuelve a encontrarse después bien claramente en la concepción dórico-aquea del "Olimpo". A este último respecto debe decirse algo sobre las tradiciones helénicas relativas a los "arrebatados en el monte". Se sabe que los Helenos -como, por otra parte, casi todos los antiguos arios- tenían una concepción evidentemente aristocrática del post-mortem. Como destino para unos pocos -para los que de ningún modo se habían elevado por encima de la vida común- se había concebido el Ades, es decir, una existencia residual y larvaria a partir de la muerte, privada de verdadera consciencia, en el mundo subterráneo de las sombras. La inmortalidad, además de la de los olímpicos, era un privilegio de los "héroes", es decir, una conquista excepcional de unos cuantos seres superiores. Ahora bien, en las más antiguas tradiciones helénicas encontramos que la inmortalidad de los "héroes" se deduce específicamente en el símbolo de su ascensión a las montañas y de su "desaparición" en las montañas. Vuelve, pues, el misterio de las "alturas" porque, por otra parte, en esa misma "desaparición" debemos ver un símbolo material de una transfiguración espiritual.

Desaparecer, o "volverse invisible", o "ser arrebatado en las alturas", no es algo que deba ser tomado en un sentido literal, sino que significa esencialmente ser traspasado, de modo virtual, desde el mundo visible de los cuerpos particulares a la común experiencia humana, hasta el mundo suprasensible en el cual "no existe la muerte".

Y esta tradición no se encuentra únicamente en Grecia. En el budismo se sabe del "Monte del Vate", donde "desaparecen" los hombres que han alcanzado el despertar espiritual, llamados por Majjihimonikajo "más que hombres, seres invictos e intactos, inasequibles a las apetencias, redimidos". Las tradiciones taoístas extremo-orientales, originarias del Monte Kuen-Lun, donde seres legendarios "regios" habrían hallado la "bebida de la inmortalidad": es algo parecido a lo que encontramos en las tradiciones del Islam oriental relativo al "arrebatamiento" en el monte, de seres que unieron la iniciación de la pureza y que fueron arrebatados hacia las cumbres a su muerte. Los antiguos egipcios hablaban de un monte (el Set Amentet) atravesado por un camino, siguiendo el cual los seres destinados a la inmortalidad "solar" llegaban a la "tierra del triunfo" donde - según una inscripción jeroglífica- "los jefes que presiden el trono del gran dios proclaman vida y potencia eternas para ellos". Atravesando el Atlántico, en el México precolombino, encontramos, con singular concordancia, los mismos Símbolos: esencialmente, en la gran montaña de Culhuacan, o "montaña curva", porque su cima se reclina hacia abajo, lo que quiere expresar que el hecho de que la altura fuera concebida como un punto "divino" que, no obstante, conservaba conexiones con las regiones inferiores. En un monte análogo, según estas antiguas tradiciones americanas, habrían desaparecido sin dejar rastro ciertos emperadores aztecas. Ahora bien, corno es sabido, este mismo tema se halla en las leyendas de nuestro medioevo occidental romano-germánico: ciertos montes, como el Kuffhauser o el Odenberg, son los lugares en los que habrían sido "arrebatados" determinados reyes que alcanzarían significaciones simbólicas, como Carlomagno, el Rey Arturo, Federico I y II, los cuales, de tal modo, "nunca habrían muerto" y esperarían su hora para manifestarse visiblemente. También en el ciclo de la leyenda del Grial se encuentra la "montaña" en el Montsalvat, al que se puede dar, según Guénon, el significado de "Montaña de la Salud" o de la "Salvación"; el grito de guerra de la caballería medieval era Mont-joie, y en una leyenda a la cual no corresponde naturalmente ninguna realidad histórica, pero que no por ello es menos rica en significación espiritual, el hecho de haber pasado por la "montaña" habría constituido la acción que precedía a la coronación "imperial", sagrada y romana de Arturo. Aquí no podemos detenernos en desarrollar el aspecto interno específico de estos últimos mitos simbólicos, especialmente los referentes a los reyes "desaparecidos" que reaparecerán, tema que, por otra parte, hemos tratado exhaustivamente en otro lugar; pero haremos notar, en general, cómo vuelve el tema del monte concebido como sede de inmortalidad y cómo retorna también a la antigua tradición helénica relativa a los "héroes".

Diremos algo más sobre dos puntos: sobre la montaña como sede del haoma y de la "gloria" y sobre la montaña como Walhalla.

El término iránico haoma, equivalente al sánscrito soma, expresa la mencionada "bebida de inmortalidad". En aquellas antiguas doctrinas arias hay, a ese respecto, una asociación de conceptos diversos, en parte reales y en parte simbólicos, en parte materiales y en parte susceptibles a ser traducidos en términos de experiencia espiritual efectiva. Del soma, por ejemplo, las tradiciones hindúes hablan, ya como de un "dios", ya como del jugo de una planta, capaz de producir particulares efectos de exaltación, que eran tomados en espectacular consideración por ritos de transfiguración interna susceptibles de proporcionar un presentimiento y, casi diríamos, una presentación de lo que significa la inmortalidad. Pues bien, por la misma razón por la cual Buda no viene a parangonar el estado "que no es ni de aquí ni de allí, ni el venir ni el ir, sino tranquila iluminación como en un océano infinito" (el nirvana) en la alta montaña, así nosotros en el Yaçna leemos igualmente que el misterioso haoma crece en la alta montaña. Es decir, que otra vez encontramos la asociación de la idea de las alturas con la idea de un entusiasmo capaz de transfigurar, de exaltar, de guiar hacia aquello que no es únicamente humano, mortal y contingente. Y así del Irán pasamos a Grecia, en el seno del primer período dionisíaco encontramos el mismo tema, por cuanto, según los más antiguos testimonios, aquellos que en las fiestas eran arrebatados por el "divino furor de Dionisio" eran arrastrados hacia las cimas salvajes de los montes tracios cual si se hallaran poseídos por un poder extraño y arrollador surgido del fondo de sus propias almas.

Pero allí hay algo más que rectifica lo que de descompuesto y de no completamente puro pueda existir a nivel "dionisíaco"; ello es el concepto iránico expuesto en el Yasht respecto a la montaña, "el poderoso monte Ushi-darena" que es, por otra parte, la sede de la "gloria".

Debe saberse que en la tradición iránica la "gloria" -hvarenó o farr- no era un concepto abstracto: muy al contrario, ella era concebida como una fuerza real y casi física, aunque invisible y de origen "no humano", portada en general por la luminosa raza aria pero, eminentemente, por los reyes, sacerdotes y caudillos de esa raza. Una señal testimonia la presencia de la "gloria": la victoria. Se atribuía a la "gloria" un origen solar, por cuanto en el sol se veía el símbolo de un ente luminoso, triunfante sobre las tinieblas todas las mañanas. Trasponiendo sub especie interioritatis estos conceptos, la "gloria" -hvarenó- expresaba, por consiguiente, la propiedad conquistada por las razas o naturalezas dominantes, en las cuales la superioridad es potencia ("victoria") y la potencia es superioridad, "triunfalmente", como en los seres solares e inmortales del cielo. Pues bien, esto es lo que en los Yasht se dice, que en la montaña no sólo "crece" la planta del haoma -de los estados "dionisiacos"- sino que la montaña más poderosa, el Ushi-darena, es la sede de la "gloria" aria. Llegamos al último punto. A la montaña como Walhalla.

La palabra Walhalla (Walhöll) es notoria a través de todas las obras de Ricardo Wagner, en las cuales, no obstante, en muchos puntos se deforman y se "literalizan" los antiguos conceptos nórdico-escandinavos de los Edas, de los que Wagner nutre especialmente su inspiración y que son susceptibles de significados más profundos.

Walhalla quería literalmente decir "el palacio de los caídos", del cual Odín era el rey y el jefe. Se trata del concepto de un lugar privilegiado de inmortalidad (aquí, como en las tradiciones helénicas, para los seres vulgares no hay, tras la muerte, más que la existencia oscura y mediocre en el Niflheim, el Ades nórdico), reservado a los nobles y esencialmente a los héroes caídos en el campo de batalla. Casi como el dicho según el cual "la sangre de los héroes esta más cerca de Dios que la tinta de los sabios y las plegarias de los devotos", en estas antiguas tradiciones el culto y el sacrifico más grato a la divinidad máxima -Odin-Wotan o Tiuz- y más fecundo de frutos supramundanos consistía en morir en la guerra. Los caídos por Odín quedaban transformados en sus "hijos" e inmortalizados junto a los reyes divinizados, en el Walhalla, lugar que frecuentemente se asimilaba al Asgard, a la ciudad de los Asen, es decir, de las luminosas naturalezas divinas en perenne lucha contra los Elementarwessen, contra las criaturas tenebrosas de la tierra.

Ahora bien, los mismos conceptos del Walhalla y del Asgard originariamente se presentan en una relación inmediata -de nuevo- con la montaña, hasta el punto que Walhalla aparece como nombre de cumbres suecas y escandinavas y en montes antiguos, como el Helgafell, el Krosshòlar y el Hlidskjalf fue concebida la sede de los héroes y de los príncipes divinizados. El Asgard aparece a menudo en Edda como el Glitmirbjorg, la "montaña resplandeciente" o el Himinbjorg, donde la idea de monte y la de cielo luminoso, de calidad luminosa celeste, se confunden. Queda pues el tema central del Asgard como un monte altísimo, sobre cuya cumbre helada, por encima de las nubes y de las nieves, brilla una claridad eterna. Así, el "monte" como Walhalla es también el lugar donde prorrumpe tempestuosamente y sobre el cual vuelve a posarse el sedicente Wildes Heer. Aquí se trata de un antiguo concepto popular nórdico, expresado en la forma superior de un ejército mandado por Odín e integrado por los héroes caídos. Según esta tradición, el sacrificio heroico de la sangre (lo que en nuestras tradiciones romanas se llamaba la mors triumphalis, y por la cual el iniciado victorioso sobre la muerte venía asimilado a la figura de los héroes y de los vencedores) sirve también para acrecentar con nuevas fuerzas aquel ejército espiritual irresistible -el Wildes Heer- del cual Odín, dios de las batallas, tiene necesidad para alcanzar un objetivo último y trascendente; para luchar contra el ragna rökkr, es decir, contra el destino del "oscurecimiento" de lo divino que corresponde al mundo de las edades lejanas.

A través de estas tradiciones, unidas en su significado íntimo y no en su forma exterior mitológica, llegamos pues al concepto más elevado del ciclo de los mitos sobre la divinidad de la montaña; y afirmaremos encontrar personalmente, en nuestros recuerdos nostálgicos de la guerra en la alta montaña, casi un eco de esta lejana realidad. Sede del amanecer, del heroísmo, y, si es necesario, de la muerte heroica transfigurante, lugar de un "entusiasmo" que tiende hacia estadios trascendentes, de un ascenso desnudo y de una fuerza solar triunfal opuesta a las fuerzas paralizantes, que oscurecen y bestializan la vida... así resulta ser, pues, la sensación simbólica de la montaña entre los antiguos, cual resulta de un circulo de leyendas y de mitos provistos de grandes caracteres de uniformidad, de los cuales los citados no son más que algunos de los escogidos en una lista muy amplia.

Naturalmente, no se trata de detenerse en reevocaciones anacrónicas... pero tampoco se trata de curiosas búsquedas de una simple erudición histórica. Detrás del mito y detrás del símbolo condicionado por el tiempo existe un "espíritu", que puede siempre revivir y tomar expresión eficaz en nuevas formas y en nuevas acciones. Esto, precisamente, es lo que importa. Que el alpinismo no equivalga a profanación de la montaña; que los que, oscuramente empujados por un instinto de superación de las limitaciones que nos ahogan en la vida mecanizada, aburguesada e intelectualizada de las "llanuras", se van hacia lo alto en valeroso esfuerzo físico, en lúcida tensión y en lúcido control de sus fuerzas internas y externas, por sobre las rocas, crestas y paredes en la inminencia del cielo y del abismo, hacia la helada claridad... que los que siempre en mayor medida puedan volver a encenderse hoy y obrar luminosamente según aquellas sensaciones profundas que permanecen en las raíces de las antiguas divinizaciones mitológicas de la montaña: éste es el mejor augurio que puede hacerse a nuestras jóvenes generaciones.

Por una ontología de la técnica

Dominio de la naturaleza y naturaleza del dominio en el pensamiento de Julius Evola

por Giovanni Monastra

«Diorama Letterario», n. 72, 1984.

Al querer tratar un particular sector del pensamiento de Julius Evola -la génesis y el significado de la técnica, en especial desde la perspectiva de los valores- no se puede prescindir de la forma que en su conjunto posee el sistema doctrinario de este Autor, así como de sus presupuestos más profundos. Evola en efecto no es sólo un estudioso orgánico y total, sino que es también un pensador cuyas raíces culturales se hunden en un orden de valores, definidos como "tradicionales", totalmente extraños a los actualmente hegemónicos. Al diferenciarse netamente del filósofo "moderno", guiado sólo por una visión subjetiva propia del mundo, preocupado en ser "original", en afirmar "cosas nuevas", Evola en vez hace referencia, como base de sus reflexiones y valoraciones, a un núcleo de ideas o principios sapienciales considerados como atemporales y objetivos en razón de su origen trascendente.

Naturalmente el kosmos tradicional ha sido filtrado por el estudioso italiano de acuerdo a su particular sensibilidad ("ecuación personal") o "naturaleza propia", caracterizadas por el hombre dirigido a la conquista, a la acción, bajo la guía de una voluntad lúcida y firme, propensión que se puede expresar también en el plano intelectual. Así Evola elabora una concepción de la Tradición energizante y dinámica, animada e invadida por los símbolos de la Potencia metafísica.

Bajo ciertos aspectos tal concepción puede resultar diferente, pero más en las apariencias que en la sustancia, de la de René Guénon, de Frithjof Schuon o de Ananda Coomaraswamy, estudiosos caracterizados por un espíritu sacerdotal, es decir, contemplativo o especulativo. Y, quizás, justamente esta particular y sugestiva versión de la Tradición, propuesta por nuestro Autor, ha a veces hecho distraer la atención de los lectores más superficiales (y, a veces, en mala fe) respecto de la esencia de la doctrina evoliana, de orden sapiencial, a favor de aspectos puramente marginales y exteriores, cuyo sentido puede ser comprendido tan sólo en lo interior de la "concepción del mundo" propia de éste. La Tradición, de acuerdo a la definición de Evola, «es en su esencia, algo de metahistórico y, al mismo tiempo, dinámico: es una fuerza general ordenadora en función de principios que tiene el crisma de una superior legitimidad -si se quiere, se puede también decir: de principios de lo alto- fuerza, que actúa a través de las generaciones, en continuidad de espíritu y de inspiración, a través de instituciones, leyes, ordenamientos que pueden presentar una notoria variedad y diversidad.»[28] La Tradición, por lo tanto, es una realidad de orden espiritual, activa y operante en el mundo ("trascendencia inmanente"), no una pedante colección de usos y de costumbres dignificados por el solo hecho de que, en el pasado, fueron adoptados por enteras generaciones. Esta última, más que tradición en sentido estricto, es en realidad tan sólo una "democracia de los muertos", de acuerdo a la feliz definición de Chesterton.

Al manifestarse como central en el pensamiento evoliano las ideas de fuerza, de potencia, de dominio, entidades asumidas siempre en sus valencias metafísicas (en analogía con el numen romano), seguiremos esta particular perspectiva en nuestro estudio. Justamente este desplazamiento de plano hacia lo alto, esta verticalización de tales entidades (fuerza, potencia, dominio)

---

[28] J. Evola, *Gli uomini e le rovine*, Volpe, Roma 1972, pg. 20.

en la dimensión espiritual, más allá de toda banalización materialista-autoritaria, resulta en mayor medida en evidencia por parte del severo juicio que Evola formula ya en sus primeros libros, durante el denominado "período filosófico", acerca de la técnica, ilusión de potencia del hombre faustiano y prometeico. En Ensayos sobre el idealismo mágico (1925) se encuentra la siguiente afirmación:

«Nos queda en fin por desilusionar a aquellos que fantasean acerca de la realización de cualquier poderío a través del aprovechamiento de las fuerzas de la Naturaleza, que procede de las aplicaciones de las ciencias físico-químicas (es decir: de la técnica) [...] la infinita afirmación del hombre a través de indeterminadas series de mecanismos, dispositivos técnicos, etc. es [...] un homenaje de servidumbre y de obediencia»[29].

A través de la técnica, cuya base reside en la ciencia moderna, el hombre instaura una «relación extrínseca, indirecta y violenta»[30] con la Naturaleza, que se concreta en una posesión grosera de la realidad física, puesto que se actúa sobre esta última desde afuera, mientras que en el mundo tradicional el hombre opera «;desde lo interior, a partir del nivel de aquella productividad metafísica, de la cual el fenómeno o el físico depende»[31], cioè es decir actuando directamente en la raíz sutil, que se encuentra atrás y adentro de la realidad física, símbolo de una realidad superior, metafísica. La técnica es pues una ilusión de poderío, espejismo del hombre solidificado en su Yo cerrado:

---

[29] J. Evola, *Saggi sull'idealismo magico*, Atanor, Todi-Roma 1925, pag. 55.
[30] J. Evola, *Imperialismo pagano*, Omnia Veritas.
[31] J. Evola, Saggi..., pg. 56. Sobre este tema se vean, entre otras, las lucidísimas páginas dedicadas al Tantrismo y a sus vías sutiles de dominio del mundo, a su concepto de potencia también exterior que simboliza y manifiesta la interior (ver J. Evola, *Lo Yoga della potenza*, Mediterranee, Roma 1994, pgs. 31-37).

es involución, regresión, debilidad, si es observada desde la perspectiva de la Tradición.

También puede leerse en la revista «La Torre» (1930, n. 9):

«la máquina [...] fomenta, en el contexto de una ilusión de potencia exterior y mecánica, la impotencia del hombre; materialmente le multiplica hasta el infinito la posibilidad, pero en realidad lo acostumbra a renunciar a cualquier acto suyo [...]. La máquina es inmoral pues puede convertir en poderoso a un individuo sin hacerlo simultáneamente superior»[32].

Así pues tocamos un aspecto esencial del pensamiento evoliano: el poderío debe ser un atributo vinculado a una íntima y profunda superioridad espiritual. Un poderío sin superioridad, que opere como su causa y justificación, equivale a un puro titanismo, se convierte en prevaricación brutal, materialista, y al mismo tiempo tonta pues se vuelve en contra del mismo hombre dañándolo espiritualmente.

El antiguo mito de Prometeo que roba el fuego a Zeus a tal respecto se nos muestra como sumamente esclarecedor. El griego Hesíodo -nos recuerda Evola- caracteriza esta costumbre interior como propia de una «mente activa, inventiva, astuta, que quiere engañar al noûs de Zeus, es decir a la mente olímpica. Pero ésta no puede ser ni engañada ni sacudida. Ella es firme y calma como un espejo, ella descubre todo sin buscar, es más, todo se descubre en ella. El espíritu titánico es, por el contrario, la invención, aun si se trata únicamente de una mentira bien construida»[33].

---

[32] Revista *La Torre*, recogida en un volumen: Ed. Falco, Milán 1977, pg. 332.
[33] J. Evola, *L'arco e la clava*, Roma 1995, pg. 91.

Es propio del mismo todo lo que es retorcido y opaco, en oposición a la esencialidad y a la transparencia olímpica. La contraparte del espíritu titánico es la estupidez, la imprudencia, la torpeza, la miopía interior: en síntesis, podríamos decir, la incapacidad de ver a lo lejos.

Luego del acto sacrílego de Prometeo, queda el hermano de éste, su alter ego, Epimeteo, que representa a la estirpe de los hombres y símbolo de la estupidez, como contraparte de la astucia, que suscita sólo la risa de los dioses, aquello que Evola denomina como «la risa de formas eternas»[34]. Análogamente la técnica, en tal perspectiva, es tonta astucia, estupidez inteligente, que no sabe ver en el futuro, entender los efectos del propio accionar en el mundo, sobre la naturaleza.

¿Pero cuáles procesos son los que han llevado al hombre a esta "conquista"? Aquí Evola nos proporciona una primera versión en Imperialismo Pagano (1928): el germen que hace desencadenar la enfermedad tecnicista a su entender es el judeo-cristianismo. A tal respecto, para un encuadre histórico cultural de este tema, nos parece oportuno recordar que tal afirmación ha tenido sostenedores muy autorizados, sea antes como después de Evola. Por ejemplo el filósofo judío alemán Max Scheler había precedentemente escrito que la idea de dominio "violento" sobre la Naturaleza deriva históricamente del judaísmo[35]. De hecho el mundo religioso del antiguo Israel

---

[34] Ibid., pg. 93.
[35] M. Scheler, *Essenza e forme della simpatia* [Wesen und Formen der Sympathie], Roma 1980, pg. 177. Según el autor la ciencia moderna selecciona los datos a los cuales atenerse a fin de construir una imagen simbólica de la naturaleza que la convierta en "guiable y controlable, pero ello obliga a tal ciencia a ignorar todos aquellos aspectos de la realidad física desde los cuales se transparenta el "nexo de sentido supramecanicista y amecanicista" que vincula los fenómenos naturales en su ser parte de un todo (ibid., pg. 176).

desacralizó en primer término a la naturaleza, negando el aspecto inmanente de Dios, con todas sus lógicas consecuencias, tal como lo observa el teólogo cristiano Sergio Quinzio, el cual identifica en el judaísmo las bases culturales de la modernidad[36]. Hay que precisar, de cualquier manera, para evitar equívocos que, con el término "técnica", Evola comprende a aquel conjunto de saberes y de actividades determinados por la concepción faustiana del mundo, por ende sumamente diferente, de acuerdo a lo que ya había hecho notar Oswald Spengler[37], de la técnica arcaica, la cual respetaba la Naturaleza, no apuntaba a alterarla y en cambio se insertaba en sus ritmos.

La técnica moderna necesita de un presupuesto esencial: que la Naturaleza no sea más «un gran cuerpo animado y sagrado, expresión visible de lo invisible»[38], sino una aglomeración sin vida de objetos materiales, una estepa desacralizada, casi enemiga, que el hombre no ve más como un lugar de «manifestaciones de poderes elementales» con los cuales interactuar, de acuerdo a las palabras de J. Ortega y Gasset[39], sino como una realidad en sí, independiente del mundo espiritual de quien la conoce (dualismo radical).

---

[36] Véase Sergio Quinzio, *Raíces hebraicas de lo moderno*, Milán 1990. Sobre la actitud de la tradición judeo-cristiana en lo relativo a la naturaleza ver también: Autores varios, Religiones y ecología, Bolonia 1995.
[37] O. Spengler, *La Decadencia de Occidente* [Der Untergang des Abendlandes], Milán 1970, pg. 1405 y sig. Véase también la obra del mismo autor, *El hombre y la técnica* [Der Mensch und die Technik].
[38] J. Evola, *La tradizione ermetica*, Roma 1996
[39] J. Ortega y Gasset, *El espectador*, (trad. ital. Milán 1984, pg. 21). El filósofo español aparece en perfecta sintonía con Evola:
«Nosotros hemos encasillado al mundo: somos animales clasificadores, Cada casillero es una ciencia y hemos encerrado en ella un monte de esquirlas de la realidad que hemos quitado al ingente seno materno: la Naturaleza, Y así en pequeños montones, reunidos por azar, quizás

El cristianismo, en su afán polémico antipagano, profundizando un camino ya abierto por el judaísmo, ha matado a la Naturaleza, la ha convertido en una cosa muerta de la cual Dios se ha retirado: «el cristianismo ha arrancado al espíritu de este mundo»[40]. La Naturaleza se convierte en el reino del pecado y de la tentación, en oposición dualista respecto del mundo del Espíritu. Con esta justificación estaba listo el camino que habría llevado al brutal dominio técnico sobre la Naturaleza, cuyos pasos primeros -diremos nosotros- fueron la asimilación de lo viviente a la máquina y de la Naturaleza a un conglomerado azaroso de átomos, según lo que ya en la antigüedad había afirmado el filósofo Demócrito, quien por lo demás con justicia no fuera nunca escuchado. La técnica, por ende, no por casualidad nació en Occidente, en donde se ha afirmado la religión cristiana, la cual -tal como se ha dicho- tiene en común con la mentalidad técnico-científica el "presupuesto dualista". Además, al ser la técnica "impersonal" y "transitiva", es decir adoptable por cualquiera, la misma necesita también de un presupuesto igualitario, el cual también, de acuerdo a la opinión de Evola, es rastreable en el cristianismo (el «bolchevismo de la antigüedad» tal como lo había denominado Spengler). Por ende la mentalidad democrático-igualitaria en el campo del saber y la obsesión separativa que ha creado una neta y arbitraria escisión entre Yo y mundo (solidificando los dos polos en un Sujeto y en un Objeto ontológicamente diferentes, es más opuestos, y por

---

caprichosos, poseemos los escombros de la vida, Para obtener este tesoro sin alma, hemos debido desarticular a la Naturaleza originaria, hemos debido matarla, El hombre antiguo, en cambio, tenía delante de sí al cosmos vivo, articulado y sin escisiones. La principal clasificación que divide al mundo en cosas materiales y en cosas espirituales no existía para él. Por doquier mirase, veía sólo las manifestaciones de poderes elementales, torrentes de energías específicas creadoras y destructoras de los fenómenos».

[40] J. Evola, *Imperialismo Pagano*, Omnia Veritas.

ende privados de cualquier relación intrínseca), son las causas del tecnicismo.

En forma sucesiva, en Rebelión contra el mundo moderno (1934), Evola redimensionó sus ásperas críticas al cristianismo, aun resaltando siempre los efectos nefastos de la hipostatización de los "dos órdenes, natural y sobrenatural" separados por un profundo hiato, característica de la doctrina cristiana[41], deudora del dualismo hebraico, inquieto y descomedido, siempre en agudo conflicto entre "espíritu" y "carne"[42]. Más bien, junto a las responsabilidades del cristianismo, él evidenció también las del humanismo y del "racionalismo", nacidos en el mundo griego "clásico" del cual emanaron factores convertidos luego en parte integrante del tecnicismo (por ejemplo, la concepción mecanicista del mundo).

Pero, más allá de estas génesis históricas, es verdad que la técnica nace en Occidente también porque, bajo un cierto aspecto, se remite a la naturaleza de los pueblos occidentales, los cuales han estado siempre animados por una "voluntad de infinito", por una tensión hacia el dominio, que se expresó también en la conquista de las colonias de ultramar.

¿Qué cosa trajo esta tensión, que en la época romana había también mantenido un equilibrio entre interioridad y exterioridad, que se descargaría sólo sobre el mundo, también mediante la técnica? Evola provee una respuesta suya. «Cuando la mirada humana se despegó de la trascendencia, la insuprimible voluntad de infinito inmanente en el hombre [occidental] debía descargarse en lo externo y traducirse en una tensión, en un impulso irrefrenable [...] en el dominio que se encuentra

---

[41] J. Evola, Rivolta contro il mondo moderno, Roma 1998, pg. 327. Hay trad. castellana, *Revuelta contra el Mundo Moderno*, Omnia Veritas, www.omnia-veritas.com.
[42] Ibid., p. 297.

inmediatamente por debajo del supremo de la espiritualidad pura y de la contemplación, es decir en el dominio de la acción y de la voluntad. De aquí, la desviación activista, de aquí [...] la perenne insatisfacción faustiana»[43].

Si bien escrito con la intención de analizar principalmente el fenómeno de la supremacía colonial de los blancos, el fragmento arriba citado, a nuestro parecer, es esclarecedor también para comprender el otro aspecto de la génesis del tecnicismo. El marco resulta así más completo: al igualitarismo y al dualismo separativo Yo-mundo, se le agrega una contingencia histórica (¿o una necesidad metahistórica?): la laicización y secularización progresiva del hombre europeo, a partir del Renacimiento, injertada sobre su particular naturaleza dinámica y activa.

En este orden de ideas se podría también agregar que la técnica representa la solidificación y la materialización de las prácticas mágicas, sutiles, de acción directa sobre la Naturaleza, típicas de toda sociedad tradicional, habiéndose debido a una distorsión y mistificación de las mismas el ilícito rebajamiento de nivel.

La concepción evoliana, por ende, se diferencia sea de toda utopía regresiva, antitecnicista, de estampa igualitaria rousseauniana, basada en el mito iluminista del "buen salvaje" y del "estado de naturaleza", realidades nunca existidas, sea de las ideología antiigualitarias de impronta tecnicista o, de cualquier modo, positivamente orientadas hacia la técnica en cuanto tal. Pensamos, para este último caso, a las teorías de Arnold Gehlen, según el cual la técnica es un fruto de la naturaleza humana y forma parte de ésta, así como las garras y los cuernos son expresiones de la naturaleza de los animales que los poseen[44]. A

---

[43] Rivista «*Lo Stato*», julio 1936, reeditada en Roma, 1995, pg. 155.
[44] cfr. A. Gehlen, *L'Uomo* [Der Mensch. Seine Natur und seine Stellung in der Welt], Milán 1983.

tal propósito sería sumamente interesante desarrollar un paralelo entre las concepciones de Gehlen y las de Evola, dos teóricos mancomunados por la lucha contra el igualitarismo y el iluminismo, pero sin embargo sumamente alejados en sus respectivos fundamentos doctrinarios: vitalista el primero, secuaz de principios supranaturalistas y trascendentes el segundo. Por todo lo dicho podría parecer que Evola se encuentra ubicado simplemente en el nutrido grupo de los críticos de la técnica moderna, desde Sombart hasta Péguy, desde Scheler hasta Ortega y Gasset, desde Spengler hasta Berdiaev, exponentes del pensamiento antimoderno, organicista y aristocrático. Pero ello es un error. Peculiar característica de Evola fue, en efecto, siempre la de observar en profundidad los hechos para captar eventualmente direcciones inusuales, impensables puesto que positivas en su general negatividad. En nuestro específico caso un estímulo fue por cierto el famoso libro de Ernst Jünger, El Obrero, aparecido en 1932[45]. Pero sería a su vez superficial creer que Evola haya hecho una banal transcripción y asimilación pasiva de las temáticas jüngerianas en el propio pensamiento. Más bien sería exacto hablar de naturales afinidades y complementariedad entre dos concepciones en muchos aspectos aun ancladas en los años Treinta) con el mismo orden de valores. Insertando algunas intuiciones de Jünger en la visión general cíclico-involutiva de la historia humana propia de la Tradición (la época actual sería la edad oscura, fase terminal de todo el ciclo, dominada por el materialismo y por la subversión de todo orden en sentido superior), Evola observa que la técnica presenta un doble rostro: junto al ya examinado, emerge otro, también éste inquietante, disolutivo para el hombre-masa, pero útil estímulo y banco de prueba para el hombre diferenciado, el cual, aun viviendo en el mundo moderno, siente en sí los valores de la Tradición como entidades aun operantes y activas. Y bien, retomando una idea jüngeriana, Evola observa que la técnica, en

---

[45] cfr. E. Jünger, *L'Operaio* [Der Arbeiter. Herrschaft und Gestalt], Milán 1984.

cuanto dimensión ya autónoma y global, que se subleva con violencia respecto de la misma trama de la vida, puede desarrollar una importante acción destructiva de la figura humana típica de la sociedad burguesa: El individuo-átomo. Éste constituye un ser indiferenciado en lo profundo, una unidad numérica disuelta de todo nexo orgánico con la totalidad, diversificado respecto de sus semejantes (la masa) sólo por factores exteriores, lábiles, subjetivistas, estrechamente vinculados a los no-valores del mundo burgués.

En la concepción evoliana de la historia, la técnica se convierte pues en un medio para alcanzar, a veces y también en forma activa, el punto cero de los valores, el fin de un mundo, el burgués-proletario, puesto en la fase terminal, descendente, del actual ciclo histórico. Veremos más adelante que, junto a esta acción disolutiva, que, usando una terminología hindú, podemos poner bajo el signo de Shiva, la técnica puede desarrollar otra, positiva en sentido "formador".

¿Pero qué es lo que provoca este ataque destructivo del individuo? Es un factor revulsivo, presente en la técnica: lo elemental. El mismo significa, en este contexto, "primitivo", pero «designa más bien las potencias más profundas de la realidad, que caen afuera de las estructuras intelectualistas y moralistas y que están caracterizadas por una trascendencia sea positiva como negativa, con respecto al individuo: así como cuando se habla de las fuerzas elementales de la naturaleza»[46]. El burgués, encerrado en su ciudadela racionalista, en su vacuo intimismo, pequeña alma dirigida a las cosas pequeñas, a lo útil, a lo seguro, tiene terror por lo elemental y lo mantiene a distancia, «sea que el mismo se le aparezca bajo al especie de potencia y de pasión,

---

[46] J. Evola, *L'Operaio nel pensiero di Ernst Jünger*, Roma 1998, pg. 46.

sea que se le manifieste en las fuerzas de la naturaleza, en el fuego, en el agua, en la tierra, en el aire»[47].

Esta realidad inquietante presenta un doble origen: interno y externo respecto del alma humana. El burgués ha tratado de exorcizarla, de excluirla, pero ha fracasado. Así hoy lo elemental vuelve a emerger en todas sus manifestaciones, a veces brutales, a través de la potencia desmedida de la técnica, nacida como instrumento útil para el hombre y ahora amenazadora enemiga de su estructura interior, además que física, como acontece en el caso de la guerra moderna, guerra no más de hombres, sino de máquinas, guerra técnica, en la cual el individuo, en cuanto tal, desaparece.

Pero no todos los hombres son por igual vulnerables: la técnica en efecto puede ser un banco de prueba para aquellos que no se encuentran quebrados, aquellos que mantienen en sí un núcleo de dureza ascética, también sólo potencial, de desapego respecto del mundo, pero que no le pertenecen. Así pues, si muchos, bajo la presión de lo elemental desencadenado por la civilización de las máquinas, son interiormente aniquilados, desindividualizados hacia lo bajo, es decir hacia la estandarización puesta por debajo del individuo, con la creación de un «tipo humano vacío, en serie [...] producto multiplicable insignificante», para otros «la desindividualización puede sin embargo tener un curso activo y positivo»[48].

Esta segunda posibilidad, que nace del connubio entre vida y riesgo, que deriva de un continuo desafío con lo elemental (en la práctica: con la máquina, en la acepción más vasta de este término), se puede concretar en una forma nueva, la persona absoluta, «caracterizada por dos elementos: en primer lugar por

---

[47] Ibid., pg. 47.
[48] J. Evola, *Cavalcare la tigre*, Roma 1995, pg. 102. Hay trad. Castellana, *Cabalgar el Tigre*, Omnia Veritas.

una extrema lucidez y objetividad, luego por una capacidad de actuar y de mantenerse de pié recabada de fuerzas profundas, más allá de las categorías del individuo, de los ideales, de los valores y de los fines de la civilización burguesa».[49]

Sólo este ser transfigurado, también en los rasgos del rostro, severos e impasibles, podrá dominar la técnica sin ser contaminado por ésta. Su presencia podría imprimir un nuevo curso a la historia, dando lugar a una verdadera y propia mutación de civilización. Además, allí donde parecía que tuviese que reinar la pura y opaca materialidad, se transparentan nuevos símbolos que el hombre diferenciado debe percibir: en efecto, la máquina, mirada con ojos nuevos, representa una expresión de la esencialización a la cual se debe tender: nada de oropeles burgueses, superfluos, arbitrarios, subjetivos, nada de "pintoresco" o "gracioso" (se piense en una gran fábrica o en una cantera naval), sólo una fuerza elemental, expresión de una idea creativa, de un fin preciso, de una actividad fría y objetiva.

«Sobre su plano, la misma refleja pues en un cierto modo el valor mismo que en el mundo clásico tuvo la pura forma geométrica»[50].

Esta selva de símbolos resurgentes que nos circunda (como en los mismos rascacielos de acero y de vidrio), este paisaje faustiano, que puede ser transfigurado por quien tiene los ojos para ver, tiene la posibilidad de desarrollar una eficaz función de estímulo hacia la «simplificación y esencialización del ser en un mundo espiritual en disolución»[51], hacia un nuevo realismo activo, además de los falsos problemas del Yo, de los sentimentalismos, de los humanitarismos y de toda la herencia pebeyo-burguesa. ¿Existe el riesgo de derrumbarse

---

[49] Ibid.
[50] Ibid., pg. 104.
[51] Ibid., pg. 106.

interiormente, por cierto, de ir por debajo, y no por encima, del individuo: pero el riesgo no es en sí mismo el alimento de estas figuras que han aparecido en el horizonte durante las tempestades de acero? Y por otro lado, «no hay nada, en la época actual que no sea riesgoso. Para el que se mantiene de pié éste es quizás la única ventaja que la misma presenta»[52].

---

[52] Ibid., pg. 23.

Polémica sobre la metafísica hindú

Otros libros

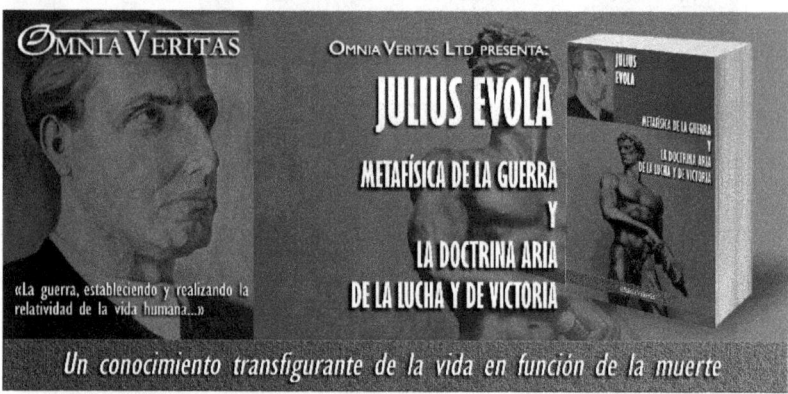

Polémica sobre la metafísica hindú

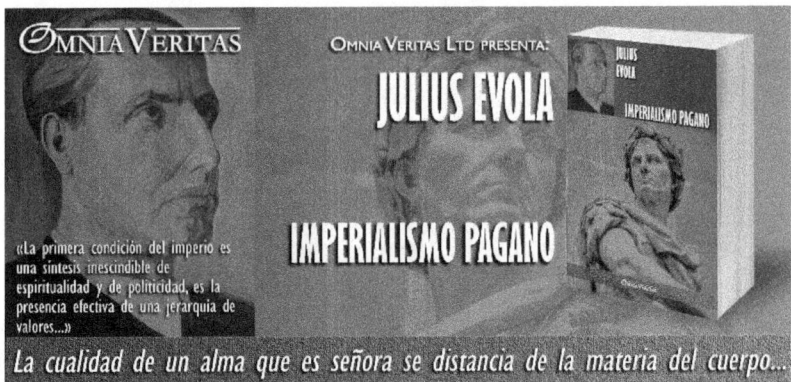

Polémica sobre la metafísica hindú

Omnia Veritas Ltd presenta:

RENÉ GUÉNON

APERCEPCIONES SOBRE LA INICIACIÓN

«A menudo nos concentramos en los errores y confusiones que se hacen sobre la iniciación...»

Somos conscientes del grado de degeneración al que ha llegado el Occidente moderno ...

OMNIA VERITAS LTD PRESENTA:

RENÉ GUÉNON

APRECIACIONES SOBRE EL ESOTERISMO CRISTIANO

« Este cambio convirtió al cristianismo en una religión en el verdadero sentido de la palabra y una forma tradicional ... »

Las verdades esotéricas estaban fuera del alcance del mayor número...

Omnia Veritas Ltd presenta:

RENÉ GUÉNON

AUTORIDAD ESPIRITUAL Y PODER TEMPORAL

"La distinción de las castas constituye, en la especie humana, una verdadera clasificación natural a la cual debe corresponder la repartición de las funciones sociales."

La igualdad no existe en realidad en ninguna parte

Omnia Veritas Ltd presenta:

RENÉ GUÉNON

EL ERROR ESPIRITISTA

En nuestra época hay muchas otras "contraverdades" que es bueno combatir...

Entre todas las doctrinas "neoespiritualistas", el espiritismo es ciertamente la más extendida

Omnia Veritas Ltd presenta:

RENÉ GUÉNON

EL ESOTERISMO DE DANTE

« Dante indica de una manera muy explícita que hay en su obra un sentido oculto, propiamente doctrinal, del que el sentido exterior y aparente no es más que un velo »

... y que debe ser buscado por aquellos que son capaces de penetrarle

Omnia Veritas Ltd presenta:

RENÉ GUÉNON

EL HOMBRE Y SU DEVENIR SEGÚN EL VÊDÂNTA

"Cuando consideramos lo que es la filosofía en los tiempos modernos, no podemos impedirnos pensar que su ausencia en una civilización no tiene nada de particularmente lamentable."

El Vêdânta no es ni una filosofía, ni una religión

Polémica sobre la metafísica hindú

OMNIA VERITAS LTD PRESENTA:

RENÉ GUÉNON

EL REINO DE LA CANTIDAD Y LOS SIGNOS DE LOS TIEMPOS

« Porque todo lo que existe de alguna manera, incluso el error, necesariamente tiene su razón de ser »

... y el desorden en sí mismo debe encontrar su lugar entre los elementos del orden universal

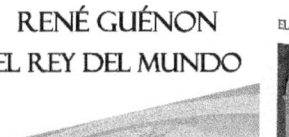

OMNIA VERITAS LTD PRESENTA:

RENÉ GUÉNON

EL REY DEL MUNDO

"Un principio, la Inteligencia cósmica que refleja la Luz espiritual pura y formula la Ley"

El Legislador primordial y universal

Omnia Veritas Ltd presenta:

RENÉ GUÉNON

EL SIMBOLISMO DE LA CRUZ

«La consideración de un ser en su aspecto individual es necesariamente insuficiente»

... puesto que quien dice metafísico dice universal

OMNIA VERITAS LTD PRESENTA:

RENÉ GUÉNON

EL TEOSOFISMO
HISTORIA DE UNA SEUDORELIGIÓN

"Nuestra meta, decía entonces Mme Blavatsky, no es restaurar el hinduismo, sino barrer al cristianismo de la faz de la tierra"

El término teosofía sirvió como una denominación común para una variedad de doctrinas

OMNIA VERITAS LTD PRESENTA:

RENÉ GUÉNON

ESTUDIOS SOBRE EL HINDUÍSMO

"Considerando la contemplación y la acción como complementarias, nos emplazamos en un punto de vista ya más profundo y más verdadero"

... la doble actividad, interior y exterior, de un solo y mismo ser

Omnia Veritas Ltd presenta:

RENÉ GUÉNON

ESTUDIOS SOBRE LA FRANCMASONERIA Y EL COMPAÑERAZGO

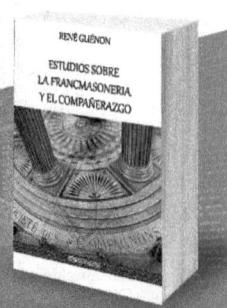

«Entre los símbolos usados en la Edad Media, además de aquellos de los cuales los Masones modernos han conservado el recuerdo aun no comprendiendo ya apenas su significado, hay muchos otros de los que ellos no tienen la menor idea.»

la distinción entre "Masonería operativa" y "Masonería especulativa"

Polémica sobre la metafísica hindú

OMNIA VERITAS LTD PRESENTA:

RENÉ GUÉNON

FORMAS TRADICIONALES Y CICLOS CÓSMICOS

« Los artículos reunidos en el presente libro representan el aspecto más "original" de la obra de René Guénon.»

Fragmentos de una historia desconocida

Omnia Veritas Ltd presenta:

RENÉ GUÉNON

INICIACIÓN
Y
REALIZACIÓN ESPIRITUAL

« Necedad e ignorancia pueden reunirse en suma bajo el nombre común de incomprensión »

La gente es como un "reservorio" desde el cual se puede disparar todo, lo mejor y lo peor

OMNIA VERITAS LTD PRESENTA:

RENÉ GUÉNON

INTRODUCCIÓN GENERAL AL ESTUDIO DE LAS DOCTRINAS HINDÚES

« Muchas dificultades se oponen, en Occidente, a un estudio serio y profundo de las doctrinas orientales »

... este último elemento que ninguna erudición jamás permitirá penetrar

OMNIA VERITAS

Omnia Veritas Ltd presenta:

RENÉ GUÉNON

LA CRISIS DEL MUNDO MODERNO

«Parece por lo demás que nos acercamos al desenlace, y es lo que hace más posible hoy que nunca el carácter anormal de este estado de cosas que dura desde hace ya algunos siglos»

Una transformación más o menos profunda es inminente

OMNIA VERITAS

Omnia Veritas Ltd presenta:

RENÉ GUÉNON

LA GRAN TRÍADA

«En todo ternario tradicional, cualesquiera que sea, se quiere encontrar un equivalente más o menos exacto de la Trinidad cristiana»

se trata muy evidentemente de un conjunto de tres aspectos divinos

OMNIA VERITAS

Omnia Veritas Ltd presenta:

RENÉ GUÉNON

LA METAFÍSICA ORIENTAL Y SAN BERNARDO

«La metafísica pura, al estar por esencia fuera y más allá de todas las formas y de todas las contingencias»

no es ni oriental ni occidental, es universal

«Según la significación etimológica del término que le designa, el Infinito es lo que no tiene límites»

La noción del Infinito metafísico en sus relaciones con la Posibilidad universal

«... nos ha parecido útil emprender este estudio para precisar algunas nociones del simbolismo matemático»

Esa ausencia de principios que caracteriza a las ciencias profanas

"Hay cierto número de problemas que constantemente han preocupado a los hombres, pero quizás ninguno ha parecido generalmente tan difícil de resolver como el del origen del Mal"

Este dilema es insoluble para aquellos que consideran la Creación como la obra directa de Dios

Omnia Veritas Ltd presenta:

RENÉ GUÉNON
ORIENTE Y OCCIDENTE

«La civilización occidental moderna aparece en la historia como una verdadera anomalía...»

Esta civilización es la única que se ha desarrollado en un aspecto puramente material

OMNIA VERITAS LTD PRESENTA:

RENÉ GUÉNON
ESCRITOS PARA
REGNABIT

«Esa copa sustituye al Corazón de Cristo como receptáculo de su sangre. ¿Y no es más notable aún, en tales condiciones, que el vaso haya sido ya antiguamente un emblema del corazón?»

El Santo Grial es la copa que contiene la preciosa Sangre de Cristo

OMNIA VERITAS LTD PRESENTA:

RENÉ GUÉNON
SÍMBOLOS DE LA CIENCIA SAGRADA

«Este desarrollo material ha sido acompañado de una regresión intelectual, que ese desarrollo es harto incapaz de compensar»

¿Qué importa la verdad en un mundo cuyas aspiraciones son únicamente materiales y sentimentales?

Polémica sobre la metafísica hindú

OMNIA VERITAS

Omnia Veritas Ltd presenta:

HISTORIA PROSCRITA I
LOS BANQUEROS Y LAS REVOLUCIONES

POR

VICTORIA FORNER

Los procesos revolucionarios necesitan agentes, organización y, sobre todo, financiación, dinero.

LAS COSAS NO SON A VECES LO QUE APARENTAN...

OMNIA VERITAS

Omnia Veritas Ltd presenta:

HISTORIA PROSCRITA II
LA HISTORIA SILENCIADA DE ENTREGUERRAS

POR

VICTORIA FORNER

"El verdadero crimen es acabar una guerra con el fin de hacer inevitable la próxima."

EL TRATADO DE VERSALLES FUE "UN DICTADO DE ODIO Y DE LATROCINIO"

OMNIA VERITAS

Omnia Veritas Ltd presenta:

HISTORIA PROSCRITA III
LA II GUERRA MUNDIAL Y LA POSGUERRA

POR

VICTORIA FORNER

Distintas fuerzas trabajaban para la guerra en los países europeos

MUCHOS AGENTES SERVÍAN INTERESES DE UN PARTIDO BELICISTA TRANSNACIONAL

Omnia Veritas Ltd presenta:

HISTORIA PROSCRITA IV
HOLOCAUSTO JUDÍO, NUEVO DOGMA DE FE PARA LA HUMANIDAD
POR
VICTORIA FORNER

Nunca en la historia de la humanidad se había producido una circunstancia como la que estudiaremos...

UN HECHO HISTÓRICO SE HA CONVERTIDO EN DOGMA DE FE

Omnia Veritas Ltd presenta:

EL MITO DE LOS 6 MILLONES
El Fraude de los judíos asesinados por Hitler
por **Joaquín Bochaca**

"El mayor fraude histórico, político y financiero de todos los tiempos."

La primera victima de la guerra es la verdad

Omnia Veritas Ltd presenta:

LA FINANZA, EL PODER Y EL ENIGMA CAPITALISTA
por **Joaquín Bochaca**

"La gran paradoja de la actual crisis económica es que los hombres no pueden adquirir los bienes que efectivamente han producido..."

Los beneficiarios de la demencial situación que padece el mundo

Polémica sobre la metafísica hindú

Polémica sobre la metafísica hindú

Omnia Veritas Ltd presenta:

FRANCO

por

JOAQUÍN ARRARÁS

"La alegría del alma está en la acción." De Marruecos sube un estruendo bélico, que pasa como un trueno sobre España.

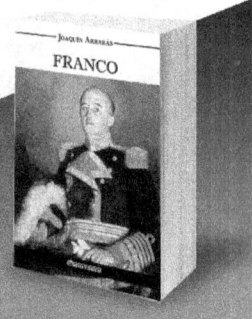

Caudillo de la nueva Reconquista, Señor de España

Omnia Veritas Ltd presente:

LA GUERRA OCULTA
de
Emmanuel Malynski

En esencia, **La Guerra Oculta** es una metafísica de la historia, es la concepción de la perenne **lucha entre dos opuestos** órdenes de fuerzas...

La Guerra Oculta es un libro que ha sido calificado de "maldito"

El análisis más anticonformista de los hechos históricos

OMNIA VERITAS LTD PRESENTA:

IMPERIUM

LA FILOSOFÍA
DE LA HISTORIA
Y DE LA POLÍTICA

POR

FRANCIS PARKER YOCKEY

La palabra Europa cambia su significado: de ahora significará la Civilización Occidental; la unidad orgánica que creó, como fases de su vida las naciones-ideas de España, Italia, Francia, Inglaterra y Alemania.

Este libro es diferente de todos los demás

Polémica sobre la metafísica hindú

Polémica sobre la metafísica hindú

www.omnia-veritas.com

www.ingramcontent.com/pod-product-compliance
Lightning Source LLC
Chambersburg PA
CBHW070914160426
43193CB00011B/1454